国家电网
STATE GRID

电网企业后勤安全知识题库

DIANWANG QIYE HOUQIN ANQUAN
ZHISHITIKU

国网北京市电力公司◎组编

中国电力出版社
CHINA ELECTRIC POWER PRESS

内 容 提 要

本题库编辑整理相关国家法律法规重点条款、国网北京市电力公司后勤专业各项管理规定重点内容，从消防、防汛、生产辅助房屋及其设备设施、工程项目、食堂及食品、车辆管理及行驶6个方面，针对各专业安全管理工作侧重点，将后勤安全管理知识以单选题、多选题、判断题和简答题四种题型呈现。

本书适合电网企业后勤人员阅读使用，其他相关人员可供参考。

图书在版编目（CIP）数据

电网企业后勤安全知识题库／国网北京市电力公司组编．—北京：中国电力出版社，2021.5
ISBN 978-7-5198-5486-7

Ⅰ．①电…　Ⅱ．①国…　Ⅲ．①电力工业–工业企业管理–后勤保障–中国–习题集
Ⅳ．①F426.61-44

中国版本图书馆CIP数据核字（2021）第050420号

出版发行：中国电力出版社
地　　址：北京市东城区北京站西街19号（邮政编码100005）
网　　址：http://www.cepp.sgcc.com.cn
责任编辑：孙建英（010-63412369）　董艳荣
责任校对：黄　蓓　郝军燕
装帧设计：赵丽媛
责任印制：吴　迪

印　　刷：北京雁林吉兆印刷有限公司
版　　次：2021年5月第一版
印　　次：2021年5月北京第一次印刷
开　　本：710毫米×1000毫米　16开本
印　　张：11
字　　数：177千字
印　　数：0001—1500册
定　　价：60.00元

本书编委会

主　　任　汪海涛

副 主 任　苏　喆　段鹏飞

委　　员（按姓氏笔画排序）

马文营　王雪华　龙国标　史珊玫　付　晖
张伟生　张振德　张书欣　张晓青　张子建
李建成　周　游　周松霖　祝秀山　赵红星
赵　鸿　胡蕴鑫　荣剑峰

本书编写组

主　　编　汪海涛

副 主 编　王雪华　王旭晨

编写人员（按姓氏笔画排序）

丁　铎　马小亮　马小军　王卫东　史文娟
冯　义　刘　迅　刘俊宇　刘　舰　刘　阳
关文起　张伟峰　张宏炯　张欣然　李　霄
孟凡晨　邵　刚　钱穗毅　常少志　梁凌琨
梁　煜　崔　禹　黄晓欧　戚雷鸣　韩戈奇
董　斌　赫新琪

前言

习近平总书记多次对安全生产工作发表重要讲话，作出重要批示，深刻论述安全生产红线、安全发展战略、安全生产责任制等重大理论和实践问题，对安全生产提出了明确要求。

后勤领域安全是安全生产的重要组成部分。随着电网事业的快速发展，后勤工作与核心业务的联系更为紧密，规范管理的要求更为严格。坚持目标导向、问题导向、结果导向，压紧压实各级安全责任，系统防范后勤各项安全隐患，注重源头防范、基础管理已成为当前的首要任务。

后勤安全工作点多面广，隐患隐蔽，容易被忽视。这就要求后勤管理人员和工作人员增强责任意识，及时排查安全隐患，加强施工现场管理，严格执行各种安全规章制度，按规、按章作业。

为促进后勤人员全面掌握后勤安全知识，提高安全管理水平，国网北京市电力公司后勤工作部组织编写了《电网企业后勤安全知识题库》。

限于编者水平有限，书中难免有不妥或疏漏之处，恳请广大读者批评指正！

编　者

2021 年 1 月

目 录
CONTENTS

第一章

后勤专业消防安全管理

一、单选题

1.《国网北京市电力公司后勤专业消防安全工作规范》中规定的生产辅助房屋不包括下列哪一项（D）。

A. 为生产经营服务的办公用房
B. 为生产经营服务的教育培训用房
C. 为生产经营服务的周转住房
D. 变电站设备设施用房

2. 国网北京市电力公司后勤专业各类场所的火灾危险级别与公共建筑耐火等级一致，按照危险程度分为（D）级。

A. 一　　B. 二
C. 三　　D. 四

3.《国网北京市电力公司后勤专业消防安全工作规范》中规定的后勤专业消防安全职能管理部门是（B），负责后勤专业管辖场所及作业现场的消防安全管理。

A. 发展策划部　　B. 后勤工作部
C. 基建部　　D. 设备部

4. 后勤管理部门应每（B）年至少组织一次针对后勤专业职工（含外聘及劳务人员）的消防安全培训。

A. 半　　B. 一
C. 二　　D. 三

5.《国网北京市电力公司后勤专业消防安全工作规范》中规定（C）每年还应进行消防专项考试，并对考试成绩进行记录备案。

A. 消防安全责任人
B. 消防安全专责人
C. 消防安全重点部位的工作人员

D. 消防控制室的值班、操作人员，消防设施和灭火器材维护人员

6. 消防安全重点单位应当对（D）进行岗前消防安全培训，定期组织消防安全培训和消防演练。

A. 消防安全重点部位的职工　　B. 专职消防队员
C. 安全员　　D. 职工

7.《国网北京市电力公司后勤专业消防安全工作规范》中规定后勤工程项目的消防设计、施工必须符合（B）。

A. GB 50720《建设工程施工现场消防安全技术规范》
B. 国家工程建设消防技术标准
C. GB 25201《建筑消防设施的维护管理》
D. GB 15630《消防安全标志设置要求》

8.《国网北京市电力公司后勤专业消防安全工作规范》中规定后勤工程项目的建设、监理单位，应监督施工单位遵守消防安全法律法规及（A）中的相关规定，做好施工现场消防工作。

A. GB 50720《建设工程施工现场消防安全技术规范》
B. 国家工程建设消防技术标准
C. GB 25201《建筑消防设施的维护管理》
D. GB 15630《消防安全标志设置要求》

9.《国网北京市电力公司后勤专业消防安全工作规范》中规定青年公寓及周转住房的同一公寓出租房间达到（　）间以上或者居住使用人达到（　）人以上的，每间房间及公共部位应安装独立式火灾探测报警器，应为每一户配备灭火器。（D）

A. 5，5　　B. 5，10
C. 10，10　　D. 10，15

10. 办公场所安全疏散管理规定安全出口，疏散门不应设置门槛或其他影响疏散的障碍物，且在其（C）m 范围内不应设置台阶。

A. 0.5　　B. 1
C. 1.4　　D. 2

11. 食堂场所在营业期间应至少每（D）h 进行一次防火巡查。

A. 0.5　　B. 1
C. 1.5　　D. 2

12.《国网北京市电力公司后勤专业消防安全工作规范》中对排查出的火灾隐患，即查即改。对于不能立即治理，且在（C）个月内仍不能整改的，按照公司有关重大隐患的治理要求执行，制定出火灾隐患治理方案。

A. 1　　B. 2
C. 3　　D. 4

13.《国网北京市电力公司后勤专业消防安全工作规范》防火检查内容中，强调应对（A）在岗情况进行检查。

A. 消防安全重点部位的人员　　B. 专职消防队员
C. 安全员　　D. 职工

14. 火灾发生后，属于单位和个人应该采取的措施是（D）。

A. 进入火灾现场　　B. 清理火灾现场
C. 封闭火灾现场　　D. 按要求保护火灾现场

15. 后勤工作部及所属各单位应根据公司消防应急演练计划开展消防应急演练，每（A）年应进行一次。

A. 半　　B. 一
C. 两　　D. 没有要求

16. 办公场所的消防档案应由（A）收集、制作和保存。

A. 各级消防安全管理人员　　B. 法定代表人
C. 主要负责人　　D. 消防专职队的主管人

17. 青年公寓及周转住房的消防档案应由（D）制作、管理。

A. 直接管理单位　　B. 后勤管理部门
C. 主要负责人　　D. 物业管理公司

18. 出租房屋的消防档案应由（C）负责制作、管理。

A. 直接管理单位　　B. 后勤管理部门
C. 承租单位　　D. 物业管理公司

19. 后勤工程项目施工现场消防档案应由（B）建立和保存。

A. 直接管理单位　　B. 施工单位
C. 承租单位　　D. 监管单位

20. 车辆管理及行驶安全专业的消防档案应由各单位（D）制作、管理。

A. 各级消防安全管理人员　　B. 法定代表人
C. 主要负责人　　D. 交通安全员

21. 消防安全标志对应的指示内容发生改变时，应及时（A）。

A. 更换　　B. 涂改
C. 撤销　　D. 保持原样

22. 对发现的问题和故障应及时处理，当场不能处置的要填报（A）。

A. 建筑消防设施故障维修记录表
B. 防火巡查记录表
C. 消防安全监督检查表
D. 消防安全问题整改通知单

23. 关于物资保障安全方面，下列表述不正确的是（C）。

A. 物资储存场所应根据物品性质配备足够的、与物品性质相适应的灭火器材，并应设置消防通信和报警设备

B. 在仓库应设明显防火等级标志，通道、出入口道路应保持畅通

C. 仓库不需要设置入库验收制度

D. 物品入库前应检查是否有火种隐患，确认无隐患后方可入库

24. 在编制火灾事故的应急预案时，首先确定（A）的方法和步骤，明确采用的灭火方法。

A. 控制火势 B. 调控风流

C. 救援方案 D. 灭火组

25. 我国现行的《中华人民共和国消防法》于（C）开始实施。

A.1998 年 9 月 1 日 B.2005 年 9 月 1 日

C.2009 年 5 月 1 日 D.2002 年 5 月 1 日

26. 消防技术标准根据制定的部门不同，划分为（B）。

A. 强制性标准和推荐性标准

B. 国家标准、行业标准、地方标准

C. 规范和标准

D. 国际标准和国内标准

27. 我国消防工作贯彻（A）的方针。

A. 预防为主，防消结合

B. 以防为主，防消结合

C. 以防为主，以消为辅

D. 救人为主，物质为次

28. 造成 10 人以上、30 人以下死亡，或者 50 人以上、100 人以下重伤，或者 5000 万元以上、一亿元以下直接财产损失的火灾属于（A）。

A. 重大火灾 B. 特别重大火灾

C. 一般火灾 D. 较大火灾

29. 利用控制新的燃烧条件形成的原理，在建筑之间留足防火间距、修筑防火墙等，这样的防火方法称为（D）。

A. 控制可燃物　　B. 隔绝空气
C. 消除着火源　　D. 阻止火势蔓延

30. 易燃液体的主要危险特性是（D）。

A. 流动性　　B. 蒸发性
C. 热膨胀性　　D. 高度的易燃易爆性

31.《中华人民共和国消防法》规定，消防通道净宽度和净高度均不应小于（C）m。

A.2　　B.3
C.4　　D.5

32. 根据《中华人民共和国消防法》规定，公司的（C）是本单位的消防安全责任人。

A. 法定代表人　　B. 消防安全管理人
C. 主要负责人　　D. 消防专职队的主管人

33. 机关、团体、企业、事业等单位应当落实（D），制定本单位的消防安全制度、消防安全操作规程，制定灭火和应急疏散预案。

A. 岗位防火责任制　　B. 领导消防安全负责制
C. 安全生产责任制　　D. 消防安全责任制

34. 违反《中华人民共和国消防法》规定，构成犯罪的应（B）。

A. 依法给予行政处罚　　B. 依法追究刑事责任
C. 给予行政处分　　D. 给予治安处罚

35. 人员密集场所发生火灾，该场所的现场工作人员不履行组织、引导在场人员疏散的义务，情节严重，尚不构成犯罪的，处（B）。

A. 10 日以上、15 日以下拘留
B. 5 日以上、10 日以下拘留
C. 5 日以下拘留

D. 15 日以上拘留

36. 我国《刑法》规定，对构成消防责任事故罪的造成特别严重后果的，对直接责任人员处（C）。

A. 三年以下有期徒刑或拘役
B. 七年以上有期徒刑
C. 三年以上、七年以下有期徒刑
D. 三十万以下罚款

37. 下列火灾隐患不属于当场整改并督促落实的是（B）。

A. 常闭式防火门处于开启状态，防火卷帘下堆放物品影响使用的
B. 电气线路设计不合理
C. 消防设施管理、值班和巡查人员脱岗
D. 违章关闭消防设施、切断消防电源

38. 下列哪项不属于防火分隔物（C）。

A. 防火门
B. 排烟防火阀
C. 防排烟风机
D. 防火卷帘

39. 建筑消防设施发生故障，系统停用时间超过（C），在上报企业消防安全责任人批准的同时，应报当地公安消防机构备案，并采取有效措施确保安全。

A.8h
B.12h
C.24h
D.48h

40. 消防产品是指专门用于火灾预防、灭火救援和火灾（C）的产品。

A. 防护、逃生
B. 防护、避难
C. 防护、避难、逃生
D. 逃生、避难

41. 电器产品、燃气用具的产品标准，应当符合（C）的要求。

A. 防火性能
B. 消防安全管理规定
C. 消防安全
D. 安全生产

42. 人员密集场所室内装修、装饰，应当按照消防技术标准的要求，使用（B）材料。

A. 可燃　　B. 不燃、难燃
C. 易燃　　D. 合格

43. 人员密集场所的门窗不得设置影响逃生和（B）的障碍物。

A. 火灾预防　　B. 灭火救援
C. 火灾防护　　D. 火灾避难

44. 消防安全重点单位实行（A）防火巡查，并建立巡查记录。

A. 每日　　B. 每月
C. 每周　　D. 每季

45. 以下属于造成过载原因的是（B）。

A. 电气设备使用时间过长，绝缘老化，耐压与机构强度下降
B. 设计有缺陷，使额定容量小于实际负载容量；设备或导线随意装接，增加负荷，造成超载运行
C. 过电压使绝缘层击穿，由于拖拉、摩擦、挤压使绝缘层造成机械损伤
D. 错误操作或把电源投向故障线路

46. 以下哪项不属于防排烟系统所能起到的作用（A）。

A. 隔绝空气　　B. 控制火势蔓延
C. 为安全疏散创造条件　　D. 为消防扑救创造条件

47. 下列（C）不属于企业防火检查的内容。

A. 灭火器配置及有效情况
B. 消防安全重点部位的管理情况
C. 企业工作人员出勤情况
D. 消防控制室值班、记录情况

48. 防火巡查的部位一般包括企业依据国家有关消防法规确定的重点部位，下列哪项不是防火巡查的部位（B）。

A. 配电室　　B. 办公室
C. 消防控制室　　D. 厨房

49. 下列哪种情况下不会产生电火花（C）。

A. 电气设备漏电　　B. 电路短路
C. 使用防爆电气和设备　　D. 电气开关启闭时

50. 对建筑消防设施（C）全面检测，确保完好有效，检测记录应当完整准确，存档备查。

A. 每半年至少进行一次　　B. 每年至少进行两次
C. 每年至少进行一次　　D. 每两年至少进行一次

51. 同一建筑物由两家以上单位管理或者使用的，应当明确各方的消防安全责任，并确定责任人对共用的疏散通道、安全出口、建筑消防设施和消防车通道进行（A）。

A. 统一管理　　B. 分段管理
C. 包干到户　　D. 划分责任

52.《中华人民共和国消防法》规定，电器产品和燃气用具的安装、使用以及线路和管路的设计、敷设、维护保养、检测必须符合（B）。

A. 行业标准　　B. 消防技术标准和管理规定
C. 国家有关消防安全规范　　D. GB 50016《建筑设计防火规范》

53. 在修建道路以及停电、停水、截断通信线路时有可能影响消防队灭火救援的，有关单位（A）当地公安机关消防机构。

A. 必须事先通知　　B. 应当事后通知
C. 可以事先通知　　D. 完工后另行通知

54. 用水冷却灭火，其原理就是将着火物的温度降低到（A）以下。

A. 燃点　　B. 闪点
C. 沸点　　D. 自燃点

55. 当建（构）筑物内某一个被监视现场发生火灾时，（D）探测到火灾产生的烟雾、高温、火焰及火灾特有的气体等信号并转换成电信号，立即传送到火灾报警控制器。

A. 火灾报警装置　　B. 火灾警报装置
C. 火灾报警器　　D. 火灾探测器

56. 对于人员密集场所的人员疏散要求，以下表述错误的是（C）。

A. 制定安全疏散计划
B. 分组实施引导
C. 寻找场所未着火房间躲避
D. 安全疏散时要酌情通报情况，做到有序疏散

57. 当企业灭火人员不能接近火场时，应根据着火对象及火场实际，果断地在火势蔓延方向采取必要的堵截措施。下列哪项措施不能阻止火势蔓延（D）。

A. 关闭防火门　　B. 设置水枪阵地
C. 降下防火卷帘　　D. 打开门窗通风

58.《中华人民共和国消防法》规定，人员密集场所发生火灾，（D）应当立即组织、引导在场人员进行疏散。

A. 该场所的法定代表人　　B. 该场所的消防安全管理人
C. 该场所的管理人员　　D. 该场所的现场工作人员

59. 针对大面积燃烧区或火势比较复杂的火场，根据需要，将燃烧区分隔成两个或多个战斗区段，便于分别部署力量将火扑灭，其扑救方法属于（C）。

A. 堵截　　B. 排烟
C. 隔离　　D. 快攻

60. 对初期灭火要领表述错误的是（D）。

A. 灭火人员在使用灭火器材时，要利用最近的室内消火栓进行初期火灾扑救

B. 离火场最近的人员，应根据火灾的种类正确、有效地利用附近消防设施、灭火器材进行报警和灭火

C. 灭火时要考虑消防水枪的有效射程，应尽可能靠近火源，压低姿势，向燃烧物喷射

D. 灭火人员最好不要动用室内消火栓，以免造成财物损失

61. 常用的简易灭火工具不包括（A）。

A. 消火栓、灭火器　　B. 水桶、水盆

C. 泥土、拖把　　D. 锅盖、棉被

62. 下列哪项灭火器在使用前需把灭火器上下颠倒几次（B）。

A. 手提式清水灭火器　　B. 手提式干粉灭火器

C. 手提式洁净气体灭火器　　D. 手提式二氧化碳灭火器

63. 手提式泡沫灭火器在扑救流淌液体火灾时，应（A）使泡沫完全覆盖在燃烧液面上。

A. 由近而远　　B. 由远而近

C. 对准燃烧最猛烈处　　D. 先扑救小火，再扑救大火

64. 常闭防火门平时在（D）的作用下处于关闭状态，因此火灾发生时能起到阻止火势及烟气的蔓延。

A. 报警器　　B. 释放器

C. 顺序器　　D. 闭门器

65. 据统计，在火灾中死亡的人约 75% 是由于吸入毒性气体中毒而致死，其中最危险的是（C）。

A. SO_2　　B. H_2S

C. CO　　D. CO_2

二、多选题

1.《国网北京市电力公司后勤专业消防安全工作规范》中规定的后勤工程项目包括下列哪几项（ABCD）。

A. 电网小型基建项目　　B. 生产辅助技改项目

C. 生产辅助大修项目　　D. 生产辅助修理项目

2.《国网北京市电力公司后勤专业消防安全工作规范》中规定的后勤专业的消防安全管理的目标包括（ABCD）。

A. 提高预防和控制火灾的能力

B. 防止火灾发生

C. 减少火灾危害

D. 保证人身和财产安全

3. 后勤专业消防安全管理应分为（BCD）模块。各个模块应明确在消防设计、消防设施和灭火器材配置以及防火管理中应遵守的规范。

A. 变电站设备设施用房　　B. 生产辅助房屋

C. 工程项目施工现场　　D. 食堂场所

4. 汽车场（库）、地下车库、独立车库的消防设计应符合（AB）的规定。

A. GB 50067《汽车库、修车库、停车场设计防火规范》

B. GB 50016《建筑设计防火规范》

C. GB 50720《建设工程施工现场消防安全技术规范》

D. GB 50222《建筑内部装修设计防火规范》

5. 后勤专业（BCD）的建筑应符合 GB 50016《建筑设计防火规范》和 GB 50222《建筑内部装修设计防火规范》的标准，并通过 XF 836《建设工程消防验收评定规则》规定的消防验收。

A. 承租　　B. 新建

C. 扩建　　D. 改建

6. 消防设施的维护管理应执行《建筑消防设施的维护管理》的规定，其中，包括（AC），保证正常运行。

A. 定期检测　　B. 更换
C. 维护和保养　　D. 报废

7. 建筑灭火器的（ABD）应执行GB 50444《建筑灭火器配置验收及检查规范》的规定。

A. 检查　　B. 改造
C. 送修　　D. 报废

8. 公司后勤专业消防安全职能管理部门应履行的职责包括（ABCD）。

A. 负责制定印发后勤专业各级、各岗位，各场所的消防安全责任制度，明确相应的消防安全职责
B. 负责组织制定后勤专业的消防安全管理制度、消防安全技术规范、消防应急预案，并定期修订
C. 负责组织开展后勤专业防火检查、消防设施器材维护保养、建筑消防设施检测、消防安全隐患排查治理等消防工作
D. 负责组织开展后勤专业人员的消防安全培训，加强队伍建设，定期组织应急演练

9. 各单位后勤专业的（ABCD）应当接受消防安全专业培训和火灾应急预案的演练。其中，消防安全重点部位的工作人员每年还应进行消防专项考试，并对考试成绩进行记录备案。

A. 消防安全责任人
B. 消防安全专责人
C. 消防安全重点部位的工作人员
D. 消防控制室的值班、操作人员，消防设施和灭火器材维护人员

10. 各单位后勤管理部门应对管辖范围内的（ABCD）开展群众性的消防安全宣传教育工作，普及防火知识。

A. 办公楼　　B. 青年公寓
C. 周转住房　　D. 施工现场

11. 各单位后勤专业消防安全的宣传教育和培训应包括（ABCD）。

A. 有关消防法规、消防安全制度和保障消防安全的操作规程
B. 本单位、本岗位的火灾危险性和防火措施
C. 有关消防设施的性能、灭火器材的使用方法
D. 报火警、扑救初起火灾以及自救互救逃生的知识和技能

12. 后勤专业消防宣传教育内容应包含（ABCD）几类。

A. 国家消防方针、政策
B. 国家消防法律、法规、规定
C. 防火知识
D. 灭火知识

13. 后勤专业消防宣传教育内容应包含下列哪些法律法规和规定（ABCD）。

A. 消防法和其他与消防有关的相关法规
B. 消防行政管理法规
C. 消防技术规范
D. 消防监督与管理办法

14. 下列属于防火知识的有（ACD）。

A. 燃烧知识
B. 火灾现场保护
C. 化学危险品知识
D. 消防设施（火灾自动报警、自动灭火、防烟、排烟、安全疏散等）

15. 下列属于灭火知识的有（BCD）。

A. 建筑防火知识
B. 报警知识
C. 灭火的基本方法
D. 火灾中的自救逃生与协助救援

16. 后勤专业消防宣传教育宜选用多种形式开展，可分为（ABCD）。

A. 集体教育　　B. 个人教育
C. 视频宣传教育　　D. 实战演习教育

17.《国网北京市电力公司后勤专业消防安全工作规范》中强调公司各单位后勤管理部门应加强消防安全（ABC），建立健全消防安全管理制度。

A. 自我管理　　B. 自我检查
C. 自我整改　　D. 自我建立标准

18.《国网北京市电力公司后勤专业消防安全工作规范》中要求的加强日常用火、用电管理包括（ABCD）。

A. 电器设备维护
B. 燃气用具机器线路、管路检测和维护
C. 定期对电气防火安全进行检查
D. 使用天然气、液化石油气时，应当安装浓度检测报警装置

19. 在（BCD）等醒目位置设置提示火灾危险性、安全逃生路线、安全出口、消防设施器材使用方法的明显标志和警示标语。

A. 办公室内部墙体　　B. 出入口
C. 电梯口　　D. 防火门

20. 生产辅助房屋的消防设施设置应根据（ABCD）等因素综合确定，应符合 GB 50016《建筑设计防火规范》的要求，与生产同建筑的生产辅助用房的消防设施设置应符合生产建筑消防要求，汽车场（库）、地下车库、独立车库消防设施的设置还应符合 GB 50016《建筑设计防火规范》的要求。

A. 房屋的用途及其重要性　　B. 火灾危险性
C. 火灾特性　　D. 环境条件

21. 生产辅助房屋灭火器材的（ABCD）应执行 GB 50140《建筑灭火器配置设计规范》的规定。

A. 配置类型　　B. 规格
C. 数量　　D. 设置位置

22. 办公场所安全疏散管理应符合下列要求（ABCD）。

A. 封闭楼梯间、防烟楼梯间的门应完好，门上应有正确启闭状态的标识，保证其正常使用

B. 办公场所在工作期间疏散出口、安全出口的门不应锁闭，应确保疏散通道、安全出口的畅通，禁止占用、堵塞疏散通道和楼梯间

C. 常闭式防火门应经常保持关闭；需要经常保持开启状态的防火门，应保证其在火灾时能自动关闭；自动和手动关闭的装置应完好有效

D. 各楼层的明显位置应设置安全疏散指示图，指示图上应标明疏散路线、安全出口、人员所在位置和必要的文字说明

23. 青年公寓及周转住房应按照规划主管部门批准或房地产权证书载明的用途使用公寓及物业管理区域，不应违法改变使用性质，包括（ABCD）。

A. 封闭的住宅物业管理区域内的住宅

B. 封闭的住宅物业管理区域内的架空层、设备层、车库等

C. 青年公寓的地下空间或仓储场所

D. 周转住房地下空间或仓储场所

24. 汽车场（库）防火安全管理应遵守下列哪项规定（ABCD）。

A. 汽车场（库）内严禁加油、吸烟或动用明火

B. 汽车场（库）内严禁存放汽油、柴油以及其他易燃、易爆及可燃物品，必须及时清理使用过的油棉纱（布）等废弃物

C. 汽车场（库）内应按顺序停放车辆，严禁阻塞消防通道和占压消火栓，车辆之间应保持安全距离

D. 汽车场（库）内严禁停放载有易燃、易爆化学物品的机动车

25. 地下车库应遵守下列哪项规定（ABCD）。

A. 应急照明系统应完好
B. 消防设施应保持有效
C. 库内严禁修理车辆
D. 库内严禁设置喷漆间、电瓶间、乙炔发生器间或修车位

26. 电动自行车及电动汽车充电防火管理还应遵守以下哪项规定（ABCD）。

A. 充电站及周边区域应及时清理可燃易燃物品
B. 充电站严禁电源私搭乱接
C. 充电时应安排专人看护，严禁夜间充电和无人看护充电现象
D. 电动自行车必须停放室外空旷区域，充电区严禁存放报废或长期不使用的电动自行车或电动汽车

27. 各单位委托的物业管理公司负责消防监控值班，协同后勤管理部门做好日常防火检查。防火检查的内容主要包含（ABCD）。

A. 用火、用电有无违章情况；消防安全重点部位的人员在岗情况
B. 安全出口、疏散通道是否畅通，安全疏散指示标志、应急照明是否完好
C. 消防设施、器材和消防安全标志是否在位、完整
D. 常闭式防火门是否处于关闭状态，防火卷帘下是否因堆放物品而影响使用

28. 后勤管理部门应定期开展后勤专业消防安全监督检查，包含（AD）。

A. 常规巡查　　B. 日检
C. 月检　　D. 专项检查

29. 各单位后勤管理部门应根据本单位实际情况，制定常规巡查的内容，至少应包括（ABCD）。

A. 安全疏散通道、疏散指示标志、应急照明和安全出口情况
B. 消防车通道、消防水源情况
C. 灭火器材配置及有效情况

D. 易燃易爆危险物品和场所防火防爆措施的落实情况以及其他重要物资的防火安全情况

30. 消防安全监督检查中发现下列哪项违反消防安全规定的行为，应责成有关人员现场整改（ABCD）。

A. 违章进入生产、存放易燃易爆场所的

B. 违章使用明火作业或者在具有火灾、爆炸危险的场所违反禁令，吸烟或使用明火的

C. 将安全出口上锁、遮挡，或者占用、堆放物品，影响消防疏散通道畅通的

D. 消火栓、灭火器材被遮挡，影响使用或者被挪作他用的

31. 日常防火检查和消防安全监督检查中发现哪项情形，确定为火灾隐患（ABCD）。

A. 影响人员安全疏散或者灭火救援行动，不能立即改正的

B. 消防设施、灭火器材未保持完好有效，影响防火灭火功能的

C. 擅自改变防火分区，容易导致火势蔓延、扩大的

D. 在人员密集场所违反消防安全规定，使用、储存易燃易爆危险品，不能立即整改的

32. 火灾隐患排查治理工作的（ABCD）等相关要求，按照《国家电网公司安全隐患排查治理管理办法》（国家电网企管〔2014〕1467 号）执行。

A. 职责分工

B. 排查、评估、治理流程

C. 信息报送

D. 档案管理

33. 消防检查中应针对下列（ABCD）情况进行重点检查。

A. 安全出口是否畅通

B. 疏散通道是否畅通

C. 安全疏散指示标志是否完好

D. 应急照明是否完好

34. 下列情况属于严重违反消防安全规定的行为是（ABCD）。

A. 使用明火作业

B. 在具有火灾、爆炸危险的场所吸烟或使用明火

C. 防火卷帘下堆放物品

D. 关闭消防设施、切断消防电源

35.《国网北京市电力公司后勤专业消防安全工作规范》中包含的消防设施有（ABCD）。

A. 消防供配电设施

B. 火灾自动报警系统

C. 电器火灾监控系统

D. 消防供水设施

36.《国网北京市电力公司后勤专业消防安全工作规范》中包含的消防灭火系统有（ABCD）。

A. 消防栓灭火系统

B. 自动喷水灭火系统

C. 泡沫灭火系统

D. 气体灭火系统

37. 消防巡查中除了重点关注消防设施和消防系统运行情况外，还应关注以下哪些情况（ABD）。

A. 逃生自救设施配置情况

B. 消防安全标示使用情况

C. 消防安全重点部位的工作人员

D. 应急照明情况

38. 发生火灾事故后，应按照公司应急管理工作的相关规定（ABCD）并为公安机关消防机构抢救人员、扑救火灾提供便利条件。

A. 立即启动应急预案

B. 及时报告火警

C. 有序疏散人员

D. 扑救火灾

39. 灭火和应急疏散预案应该包括下列哪些内容（ABCD）。

A. 单位的基本情况、火灾危险分析

B. 火灾现场通信联络、灭火、疏散、救护、保卫等任务的负责人及各自职责

C. 报警和接警处置程序

D. 应急疏散的组织程序和措施

40. 灭火和应急疏散预案（ABCD）等程序应执行《国家电网公司应急预案管理办法》有关规定。

A. 编制　　B. 评审
C. 发布　　D. 修订

41. 任何单位和个人在发现火灾时，都有报告火警的义务。在拨打火警电话时，应简要说明哪项内容（ABCD）。

A. 发生火灾的详细地点和着火部位
B. 留下姓名和联系方式等
C. 说明着火物性质、火势情况、人员被困情况
D. 通知现场人员做好迎接消防车的各项准备工作

42. 发生火灾时的人员疏散是建筑防火的重要内容，而建筑物的安全疏散设施包括（ABCD）。

A. 疏散楼梯和楼梯间
B. 疏散走道（房间外通道）
C. 应急照明和疏散指示标志
D. 安全出口

43. 消防档案应包括以下哪些内容（ABC）。

A. 消防安全基本情况　　B. 消防安全管理情况
C. 灭火和应急疏散预案　　D. 所有职工身份信息

44. 消防安全基本情况应包括下列哪些内容（ABCD）。

A. 基本概况和消防安全重点部位情况
B. 消防组织和各级消防安全责任人
C. 消防安全管理制度和保证消防安全的操作规程
D. 新增消防产品、防火材料的合格证明材料

45. 消防安全管理情况应包括下列哪些内容（ABCD）。

A. 公安消防机构填发的各种法律文书
B. 消防设施检查记录、自动消防设施全面检查测试的报告以及维修保养记录
C. 灭火和应急疏散预案的演练记录
D. 火灾情况记录

46. 充电站可以提供下列哪些内容（ABC）。

A. 可以为电动汽车进行充电
B. 电池更换服务
C. 在充电过程中对充电机、动力蓄电池进行状态监控
D. 对电动汽车进行修理

47. 下列属于建筑物的安全疏散设施的有（ABCD）。

A. 疏散楼梯和楼梯间
B. 疏散走道、安全出口
C. 应急照明和疏散指示标志
D. 应急广播及辅助救生设施等

48. 后勤专业的（ABC）应符合国家消防安全技术标准。

A. 消防设计
B. 消防设施
C. 灭火器材配置
D. 建筑楼层

49. 通过学习灭火知识，应该掌握以下哪些方面（ABCD）。

A. 灭火的基本方法
B. 轻便灭火器材的使用与保养
C. 如何扑救初起火灾
D. 火灾中的自救逃生与协助救援

50. 公司办公场所应设置消防警示标识，关于（AB）。

A. 禁止吸烟
B. 随意动用明火

C. 开窗通风　　D. 灭火器位置指示牌

51. 火灾自动报警系统包括（ABCD）。

A. 火灾探测器　　B. 手动报警按钮
C. 信号输入模块　　D. 信号输出模块

52. 定期巡检消防设施时，应重点检查各个火灾监控系统的（ABCD）。

A. 装置外观　　B. 运行状况
C. 放置环境　　D. 设备标识

53. 定期巡检泡沫灭火系统时，应重点检查（ABCD）。

A. 泡沫液贮罐外观及罐间环境
B. 泡沫液有效期及储存量
C. 冷却水系统
D. 泡沫喷头外观及距周边障碍物或保护对象距离

54. 定期巡检消防电梯时，应重点检查（ABCD）。

A. 紧急按钮外观　　B. 轿厢内电话外观
C. 电梯井排水设施外观　　D. 电梯井排水设施工作状态

55. 定期巡检灭火器时，应重点检查（ABCD）。

A. 灭火器外观　　B. 灭火器数量
C. 灭火器压力表、维修标志　　D. 灭火器位置状况

56. 办公场所消防安全监督检查项目应包括（ABCD）。

A. 消防设施配备是否齐全
B. 电气线路安全检测情况
C. 可燃易燃物品清理情况
D. 火灾报警和自动灭火系统信号远传情况

57. 对外出租房屋消防安全监督检查项目应包括（ABCD）。

A. 是否有私搭乱建
B. 是否擅自改变房屋使用功能
C. 是否有私拉电源电线现象
D. 安全疏散通道是否有占用现象

58. 后勤工程项目施工现场消防安全监督检查项目应包括（ABCD）。

A. 消防器材配置情况
B. 施工物资规范存放情况
C. 值班宿舍用电情况
D. 动火作业监护和防护措施落实情况

59. 食堂场所消防安全监督检查项目应包括（ABCD）。

A. 消防物资是否齐全
B. 天然气有无跑漏现象
C. 食堂油烟管道清洗情况
D. 食堂燃气使用情况

60.《消防安全问题整改通知单》应包括的内容有（ABCD）。

A. 整改要求
B. 验收内容
C. 整改问题发现人登记
D. 整改责任单位登记

61.《消防安全问题整改通知单》中对整改要求的规定包含（ABCD）。

A. 存在问题描述
B. 整改解决要求
C. 整改截止时间
D. 相关证明材料

62. 关于公司消防知识宣传以集体教育形式包括（ABCD）。

A. 学习班讲课
B. 知识竞赛
C. 安全疏散和灭火预案演练
D. 安全会议

63. 关于公司消防知识宣传以个人教育形式包括（ABCD）。

A. 岗位、工种培训
B. 新职工岗前培训
C. 消防技能督促检查考核
D. 消防安全知识问答

64. 消防工作贯彻（BD）的方针，准确阐述了“防”和“消”的辩证关系。

A. 安全第一 B. 预防为主
C. 综合治理 D. 防消结合

65.《中华人民共和国消防法》规定，任何单位和个人都有（ABCD）的义务。

A. 维护消防安全 B. 保护消防设施
C. 预防火灾 D. 报告火警

66. 同一建筑物由两个以上单位管理或者使用的，应当明确各方的消防安全责任，并确定责任人对共用的（ABCD）进行统一管理。

A. 疏散通道 B. 安全出口
C. 建筑消防设施 D. 消防车通道

67. 建设单位对竣工后建设工程负有的责任是（ABCD）。

A. 属于大型的人员密集场所和其他特殊建设工程的，建设单位应当向公安机关消防机构申请消防验收

B. 属于其他建设工程，建设单位在验收后应当报公安机关消防机构备案

C. 依法应当进行消防验收的建设工程，未经消防验收或者消防验收不合格的，禁止投入使用

D. 其他建设工程经依法抽查不合格的，应当停止使用

68.《中华人民共和国消防法》规定的“单位全面负责”包含的要求：（ABCD）；制定灭火和应急疏散预案，组织消防演练；发生火灾，及时报警和组织扑救。

A. 对本单位的消防安全负责

B. 单位的主要负责人是本单位的消防安全责任人

C. 应当加强对本单位人员的消防宣传教育，落实消防安全责任制

D. 组织防火检查，及时消除火灾隐患，保障建筑消防设施完好有效

69. 据统计，在各种灾害事故中，火灾是发生频率最高，经常威胁公众安

全和社会发展的主要灾害，其主要特征包括（ABCD）。

A. 发生频率高　　B. 突发性强
C. 破坏性大　　D. 灾后处理艰难

70. 在《刑法》中与消防违法行为有关的罪责有（ABC）、玩忽职守罪、危害公共安全罪、放火罪等。

A. 消防责任事故罪　　B. 重大责任事故罪
C. 失火罪　　D. 流氓罪

71. 构成消防责任事故罪的要素一般包括哪些方面（ABCD）。

A. 行为人是否有违反消防管理法规的行为
B. 行为人违反消防管理法规后，是否接到了消防监督机构要求采取改正措施的书面通知
C. 行为人是否对消防监督机构采取改正措施的通知拒绝执行
D. 行为人拒不执行的行为是否造成了严重后果

72. 失火罪是指行为人过失引起火灾，造成致人重伤、死亡或者使公私财产遭受重大损失的严重后果，危害公共安全的行为。其主要特征是（AB）。

A. 客观方面，必须有造成危害公共安全的严重后果
B. 主观方面，行为人主观上是过失的
C. 火灾损失巨大
D. 火灾损失较小

73. 室内消火栓是扑救建筑室内火灾的主要设施，通常安装在消火栓箱内，与（BC）配套使用，是最常见的消防设施之一。

A. 消火栓扳手　　B. 消防水带
C. 消防水枪　　D. 消防水泵

74. 根据引发火灾的可能性大小和可能造成的危害程度不同，火灾隐患可分为（CD）。

A. 当场整改　　B. 限期整改
C. 一般火灾隐患　　D. 重大火灾隐患

75. 引火源是燃烧的三个必要条件之一，常见的引火源包括（ABCD）。

A. 明火焰（如打火机火焰）
B. 高温物体（如烟头）
C. 电火花（如电气开关火花）
D. 撞击与摩擦（如钢筋切割）

76. 防火分隔的主要作用是把建筑内部空间分隔成若干个较小防火空间后，阻止火势的蔓延。常见的防火分隔物包括（ABCD）。

A. 防火墙　　B. 防火门
C. 防火窗　　D. 防火卷帘

77. 在建筑物内，防火分区包括（AC）。

A. 水平防火分区　　B. 整体防火分区
C. 垂直防火分区　　D. 立体防火分区

78. 常用的建筑消防设施有（ABCD）。

A. 火灾自动报警系统　　B. 自动喷水灭火系统
C. 消火栓系统　　D. 气体灭火系统

79.《中华人民共和国消防法》规定，（ABCD）内应保持整洁，严禁堆放杂物及易燃物。

A. 电缆夹层　　B. 电缆隧道
C. 电缆竖井　　D. 电缆沟

80. 负责公共消防设施维护管理的单位，应当保持（ABD）等公共消防设施的完好有效。

A. 消防车通道　　B. 消防供水
C. 疏散通道　　D. 消防通信

81. 下列属于消防产品的是（ABCD）。

A. 防化服　　B. 水枪
C. 空气呼吸器　　D. 手提式灭火器

82. 建设工程的消防设计、施工质量由（ABCD）负责。

A. 建设单位　　B. 施工单位
C. 设计单位　　D. 工程监理单位

83. 建筑物设备间气体灭火系统启动联动装置，可设置 0~30s 的延时，其设置延时的作用为（ABD）。

A. 考虑房间内人员疏散所需时间　　B. 及时关闭房间门
C. 及时开启容器阀所需时间　　D. 判断有无必要启动灭火系统

84.（ABCD）的防火性能必须符合国家标准；没有国家标准的，必须符合行业标准。

A. 建筑构件　　B. 建筑材料
C. 室内装修材料　　D. 室内装饰材料

85. 禁止（ABD）不合格的消防产品以及国家明令淘汰的消防产品。

A. 生产　　B. 销售
C. 储存　　D. 使用

86.《中华人民共和国消防法》改革了建设工程消防监督管理制度，明确了（ACD）。

A. 建设工程消防设计审核　　B. 消防设施检测要点
C. 消防验收　　D. 备案抽查制度

87. 按充装的灭火剂类型不同，手提式灭火器可分为（ABCD）。

A. 水基型（清水、泡沫）　　B. 干粉（磷酸铵盐和碳酸氢钠）
C. 洁净气体（六氟丙烷）　　D. 二氧化碳

88. 一旦发生火灾，以下（ABCD）区域可暂时作为安全区使用。

A. 防烟楼梯间、避难层　　B. 走道、通道
C. 防烟楼梯间、消防电梯间前室　　D. 房间

89. 大量的火灾实例表明火灾具有（ABD）、易产生次生灾害等特征。

A. 突发性强　　B. 破坏性强
C. 引发地震　　D. 灭火救援难度大

90. 发生火灾后，如果疏散组织不力，极易造成人员群死群伤的严重后果。以下（ABCD）属于正确的人员疏散方法。

A. 现场工作人员负责维护现场秩序
B. 现场人员做好个人防护，低姿鱼贯撤离
C. 进入陌生场所应先熟悉疏散通道和安全出口，便于火灾发生时能正确选择疏散路线
D. 火灾时一旦衣帽着火，应尽快脱掉衣帽，切记不能奔跑，防止引燃其他场所，引起新的火点

91. 火灾扑灭后，发生火灾的单位和相关人员应当按照公安机关消防机构的要求（ABD）。

A. 保护现场　　B. 如实提供与火灾有关的情况
C. 协助调查火灾原因　　D. 接受事故调查

92. 下列说法，正确是（ABCD）。

A. 发生火灾的单位必须立即组织力量扑救火灾
B. 临近单位应当给予支援
C. 人员密集场所发生火灾时，该场所的现场工作人员应当立即组织、引导在场人员疏散
D. 扑救特大火灾时，有关地方人民政府应当组织有关人员、调集所需物资支援灭火

三、判断题

1. 国网北京市电力公司后勤专业消防安全管理坚持“预防为主，防消结合”的方针，按照“谁主管、谁负责”和“谁使用、谁负责”的原则，建立健全后勤专业消防安全责任制，做好后勤专业消防安全工作。（√）

2.《国网北京市电力公司后勤专业消防安全工作规范》中规定的充电站是指不仅可以为电动汽车进行充电和（或）电池更换服务，还能够在充电过程中对充电机、动力蓄电池进行状态监控的场所。（√）

3.《国网北京市电力公司后勤专业消防安全工作规范》中规定的充电区是指在充电站内为电动汽车进行充电的停车区域。（√）

4.《国网北京市电力公司后勤专业消防安全工作规范》中规定的后勤专业消防安全标志的分类、设置、制作应执行 GB 13495《消防安全标志》、GB 50016《建筑设计防火规范》、GB 15630《消防安全标志设置要求》的相关规定。（×）

5. 消防安全标志对应的指示内容发生改变时，应及时更换标识、标志。（√）

6. 消防安全标志牌及其照明灯具等应至少一半年检查一次，出现破坏、丢失、残缺、缺少设置、设置错误等情况应及时修整、更换或重新设置。（×）

7. 国网北京市电力公司后勤各类场所的总平面布局、防火分区、平面布置、安全疏散等防火要求依次递减。（√）

8. 公司后勤专业火灾危险级别划分标准中规定的建筑耐火等级和火灾危险等级中属于一级的建筑包括任一楼层建筑面积大于 $1000m^2$ 的多种功能组合的建筑和建筑高度不大于 24m 的其他民用建筑。（×）

9.《国网北京市电力公司后勤专业消防安全工作规范》中规定的后勤专业的消防设计、消防设施和灭火器材配置应符合国家消防安全技术标准，防火管理应严格执行公司有关防火管理的规定和防火安全责任制。（√）

10. 对于有两个或两个以上权属单位和使用单位的场所，除依法履行自身消防管理职责外，对消防车通道、涉及公共消防安全的疏散设施和其他建筑消防设施应明确统一管理的责任单位。（√）

11. 公司办公场所应设置消防警示标识，禁止吸烟和随意动用明火，电气焊等明火作业应遵守公司有关管理规定，标识制作完成后即可安装。（×）

12. 办公场所内严禁随意拉接临时电源，确因工作需要使用临时电源时，需经部门消防安全责任人批准，制定防范措施，方可使用。（√）

13. 房屋出租时，房屋权属单位和承租单位应签订消防安全责任书（房屋租赁安全协议），明确双方的消防安全责任和消防安全管理要求。（√）

14.《国网北京市电力公司后勤专业消防安全工作规范》中规定的后勤专业各类场所应落实逐级消防安全责任制和岗位消防安全责任制，明确逐级消防安全责任制和岗位消防安全职责，确定各级、各岗位的消防安全责任人和消防安全管理人。（√）

15. 后勤管理部门应积极配合国网北京市电力公司各项消防宣传教育工作，组织开展常规性的消防宣传教育，加强对职工的消防法律、法规、规章及消防安全技术、知识的宣传教育和培训，提高职工的消防安全意识，增强职工的火灾自防自救能力。（√）

16. 新上岗和进入新岗位的职工应进行岗前消防安全培训，重点要培训岗位消防安全责任。（√）

17. 后勤管理部门组织消防宣传教育宜选用多种形式开展。（√）

18. 后勤管理部门组织消防宣传教育内容包括国家消防方针、政策、法律、法规、规定，防火知识和灭火知识。（√）

19. 消防宣传教育防火知识内容中不包括典型火灾案例的展示。（×）

20. 消防宣传教育灭火知识不包括火灾现场保护、火灾原因的调查处理及灭火方案的制定等。（×）

21. 后勤管理部门应配合上级单位、部门实施每年的消防安全宣传教育活动。（√）

22. 后勤管理部门应根据本单位消防管理制度每年组织至少一次本部门的消防安全宣传教育。（√）

23. 后勤工程项目的消防安全教育和培训由施工现场的消防安全管理人员在施工人员进场时组织实施。（√）

24. 食堂场所的消防安全教育由消防责任人负责组织实施，每周至少一次。（√）

25. 各单位后勤管理部门应加强消防安全自我管理、自我检查、自我整改，建立健全消防安全管理制度。（√）

26. 各单位后勤专业所辖各类场所应设置符合消防法规、国家消防技术标准和公司规定的消防设施、灭火器材和消防安全标志。（√）

27. 任何单位和个人不得损坏、挪用或者擅自拆除、停用消防设施、器材。（√）

28. 任何单位和个人不得埋压、圈占、遮挡消火栓或者占用防火间距，不得

占用、堵塞、封闭疏散通道及安全出口、消防车通道。（√）

29. 任何单位、个人不得超负荷用电，安装不合规格的熔丝，不得擅自拆改、安装燃气设施和用具，人员密集场所的门窗不得设置影响逃生和灭火救援的障碍物。（√）

30. 各单位应当遵守国家有关规定，对易燃易爆危险物品的使用、储存、运输实行严格的消防安全管理。可以在办公场所内使用及存放易燃易爆物品。（×）

31. 人员密集场所室内装修、装饰，应当按照消防技术标准要求，使用不燃、难燃材料。（√）

32. 在装修、装饰施工过程中，室内装修防火材料应当按照国家消防技术标准的要求进行见证取样和抽样检验。（√）

33. 各单位对动火作业应当严格执行审批制度，应经书面审批同意，做好安全交底，即可动火，动火人员需持证上岗。（×）

34. 进行高空焊、割作业时要有专人监护，必须落实防止焊渣飞溅、切割物下跌的安全措施，作业区内应放置合适的灭火器材。作业人员在动火后，应彻底清理现场火种，才能离开现场。（√）

35. 在出入口、电梯口、防火门等醒目位置设置提示火灾危险性、安全逃生路线、安全出口、消防设施器材使用方法的明显标志和警示标语。（√）

36. 高层建筑应清除高层建筑周边、消防扑救场地上空妨碍登高消防车作业的建筑、设施、设备。（√）

37. 各单位应按照公司业务外包管理的相关规定，加强对消防设施、灭火器材维护单位的管理，按照公司消防设施、灭火器材运维、台账、缺陷等管理的相关规定，加强维护质量管控，确保消防设施和灭火器材有效、可靠投运。（√）

38. 后勤工程项目的消防设计、施工必须符合国家工程建设消防技术标准。（√）

39. 建设、设计、施工、监理等单位（部门）应当遵守消防法规、建设工程质量管理法规和国家消防技术标准，对建设工程消防设计、施工质量和安全负责。（√）

40. 后勤工程项目的建设、监理单位，应监督施工单位遵守消防安全法律法规及 GB 50720《建设工程施工现场消防安全技术规范》中的相关规定，做好施工现场消防工作。（√）

41. 各单位因生产、生活需要，新建临时性建筑物时，可直接报公安机关消防机构审核。禁止建造存在火灾隐患的临时性建筑物，禁止搭建不符合消防安

全要求的彩钢板房。（ × ）

42. 国网北京市电力公司房屋出租时，承租单位应积极落实《北京市房屋租赁消防安全管理规定》和《房屋租赁安全协议》中规定的消防安全责任，严禁实施危害消防安全的行为和措施。（ √ ）

43. 除食堂以外的消防安全重点部位严禁使用液化石油气。（ √ ）

44. 国网北京市电力公司食堂燃气、电气、灶具消防安全管理应参照《国网北京市电力公司食堂及食品安全管理办法》。（ √ ）

45. 与生产同建筑的生产辅助用房灭火器材的配置应按照严重危险级工业建筑、E 类火灾的标准配置。（ √ ）

46. 办公场所的机房应配有气体灭火器。（ √ ）

47. 办公场所内严禁超负荷使用电气设备，室内严禁使用各类电热器具，确因工作需要增加大功率电气设备时，需经部门消防安全责任人批准，核定用电设备容量后方可使用。（ √ ）

48. 办公场所内可以存放易燃、易爆物品和堆积可燃物，可燃物与电器设备应保持安全散热距离。（ × ）

49. 电气线路、设备应定期进行检查、检测，严禁长时间超负荷运行。（ √ ）

50. 办公场所应每日进行防火巡查，填写巡查记录，巡查人员及其主管人员应当在巡查记录上签名。（ √ ）

51. 青年公寓及周转住房的物业管理办公室、门卫、治安岗亭等场所应集中配备灭火器、消防水带、消防水枪、消火栓扳手、救生绳、消防应急照明和消防通信器材等必要的消防器材装备，明确专人保管，确保完好有效。（ √ ）

52. 青年公寓及周转住房应按照规划主管部门批准或房地产权证书载明的用途使用公寓及物业管理区域，不应违法改变使用性质。（ √ ）

53. 承租单位宜定期开展日常消防安全宣传教育，提示火灾隐患，组织员工进行灭火和应急疏散演练。（ √ ）

54. 承租单位宜定期组织安全巡查，发现火灾隐患应及时采取措施。（ √ ）

55. 承租单位应对管理区域内的共用消防设施、器材进行维护管理，确保完好有效。（ √ ）

56. 承租单位应保障疏散通道、安全出口、消防车通道畅通，划定和设置停车泊位及设施时不得占用、堵塞消防车通道。（ √ ）

57. 汽车场（库）、地下车库应每日进行防火巡查，定期对车辆进行防火检

查。(√)

58. 施工现场临时消防设施和灭火器材的配备、设置应执行《建设工程施工现场消防安全技术规范》的规定，满足实际使用要求。(√)

59.《国网北京市电力公司后勤专业消防安全工作规范》中规定食堂场所应制定燃气设备安全操作规程并严格执行。(√)

60.《国网北京市电力公司后勤专业消防安全工作规范》中规定营业结束后，应对食堂场所进行全面检查，消除遗留火种。食堂场所应根据设备使用说明定期对电气、燃气、排烟等设备进行检测、维护和保养。(√)

61. 各单位后勤管理部门应根据本单位实际情况，制定常规巡查的内容，应包括消防安全重点部位的管理情况。(√)

62. 各单位后勤管理部门不需要按照公司政治供电，重大节日，冬、春季节的消防要求，配合相关部门开展消防专项检查。(×)

63. 发现公司办公楼内消火栓、灭火器材被遮挡影响使用或者被挪作他用，应责成有关人员现场整改。(√)

64. 擅自改变防火分区，容易导致火势蔓延、扩大。(√)

65. 消防设施、灭火器材未能保持完好有效，将会影响防火灭火功能。(√)

66.《国网北京市电力公司后勤专业消防安全工作规范》中对排查出的火灾隐患，要求即查即改。(√)

67.《国网北京市电力公司后勤专业消防安全工作规范》对于不能立即治理，且在三个月内仍不能整改的，提出按照公司有关重大隐患的治理要求执行，制定出火灾隐患治理方案。(√)

68. 后勤专业的消防监督检查包含公司后勤工作部定期的常规巡查和不定期的专项检查。(√)

69. 办公场所每年至少进行一次常规巡查。(×)

70. 青年公寓及周转住房每半年至少进行一次常规巡查，出租房屋应在房屋租赁期间定期进行常规巡查。(√)

71. 监督检查中发现的火灾隐患，应及时下达消防安全问题整改通知书。(√)

72. 各单位后勤管理部门应按照《北京市电力公司突发事件总体应急预案》和《国网北京市电力公司后勤专业应急预案编制导则》的相关要求，建立健全后勤专业应急组织机构，制定后勤专业火灾应急处置预案和火灾现场应急疏散及处置预案。(√)

73. 各单位后勤管理部门应根据公司消防应急演练计划开展后勤专业消防应急演练。（√）

74. 建设管理单位监督施工单位开展后勤工程项目施工现场的消防应急演练。（√）

75. 火灾事故后，应按照公司应急管理工作的相关规定，立即启动应急预案，及时报告火警，有序疏散人员，扑救火灾，并为公安机关消防机构抢救人员、扑救火灾提供便利条件。（√）

76. 火灾扑灭后，起火的相关单位和人员按照公安机关消防机构的要求保护现场，接受事故调查，如实提供火灾事实情况。（√）

77. 任何单位和个人未经公安机关消防机构同意，可以进入、清理封闭的火灾现场。（×）

78. 办公楼、食堂等场所应根据人员集中、火灾危险性较大和重点部位的实际情况制定有针对性的灭火和应急疏散预案。（√）

79. 灭火和应急疏散预案应包括应急疏散组织程序和措施。（√）

80. 预案编制、评审、发布、宣贯、修订等程序应执行《国家电网公司应急预案管理办法》有关规定。（√）

81. 后勤工作部及所属各单位应根据公司消防应急演练计划开展消防应急演练，每半年应进行一次，每年不得少于两次。（√）

82. 后勤工程项目施工现场灭火及应急疏散预案演练，每半年应进行一次，每年不得少于一次。（√）

83. 火灾事故的报告和配合调查处理应按照《国家电网公司安全事故调查规程》有关规定执行。（√）

84. 为提高火灾应急能力，公司后勤工作部应根据实际情况制定灭火和应急疏散预案，配合公司组织开展消防安全宣传教育和消防应急演练。（√）

85. 国网北京市电力公司后勤专业消防档案管理执行《国家电网公司档案管理办法》的规定，内容包括消防安全基本情况、消防安全管理情况、灭火和应急疏散预案。（√）

86. 公司后勤工作部定期组织开展后勤专业消防安全工作检查考核，保证后勤专业消防安全各项要求的贯彻落实。（√）

87. 办公场所的消防档案应由各级消防安全管理人员收集、制作和保存。（√）

88. 青年公寓及周转住房的消防档案应由物业管理公司制作、管理，物业服

务合同终止时，物业管理公司应将消防档案移交给青年公寓及周转住房的直接管理单位。（√）

89. 出租房屋的消防档案应由承租单位负责制作、管理，租赁合同终止时，承租单位应将消防档案移交给出租房屋的权属单位。（√）

90. 后勤工程项目施工现场消防档案应由施工单位建立和保存，结项时随项目文件验收移交。（√）

91. 后勤工作部应按照公司相关规定建立消防档案，对消防安全工作进行定期与不定期的监督检查。（√）

92. 车辆管理及行驶安全专业的消防档案应由各单位交通安全员制作、管理。（√）

93. 消防档案应包括消防安全基本情况、消防安全管理情况、灭火和应急疏散预案。（√）

94. 消防安全基本情况应包括基本概况和消防安全重点部位情况。（√）

95. 消防安全基本情况中不涉及消防安全管理制度和保证消防安全的操作规程。（×）

96. 消防安全管理人、自动消防设施操作人员、电气焊工、电工、易燃易爆化学物品操作人员基本情况是消防档案中明确要求的内容。（√）

97. 新增消防产品和防火材料需提供合格证明材料，并列入消防档案。（√）

98. 消防安全管理情况应包括消防安全例会纪要或决定。（√）

99. 公安消防机构填发的各种法律文书应收入消防档案。（√）

100. 公司应定期进行灭火和应急疏散预案的演练，并及时进行灭火和应急疏散预案演练记录。（√）

101. 在进行消防设施检查时，应进行消防设施检查记录、自动消防设施全面检查测试的报告以及维修保养记录等工作。（√）

102. 公司应及时排查火灾隐患，并对火灾隐患、重大火灾隐患及其整改情况进行记录。（√）

103. 针对易发生火灾的重点部位，如燃气、电器设备，应做到定期检测，并进行记录，收入消防档案。（√）

104. 国网北京市电力公司后勤专业各类场所的火灾危险级别与公共建筑耐火等级一致，按照危险程度分为四级。（√）

105. 建筑外部市政道路不属于《国网北京市电力公司后勤专业消防安全工

作规范》中规定，是由各场所权属单位或者委托管理的单位统一管理的建筑消防设施。(√)

106. 泡沫灭火的原理是隔离、冷却、降低氧浓度。(√)

107. 进入保障期前应对灭火器材进行统一检查，尤其是灭火器类型是否适合，压力是否充足，且在有效期内。(√)

108. 扑救电气火灾，首先应做的是切断电源。(√)

109. 发生火灾时，如各种逃生的路线被切断，适当的做法应当是大声呼救。(×)

110. 遇到高楼发生火灾，应躲避到防烟楼梯间、避难层等地等待救援。(√)

111. 当身上衣物着火时，应就地卧倒，用手覆盖住脸部并翻滚压灭火焰。(√)

112. 遇上发生火灾，应躲在有新鲜空气的窗户边等待救援。(×)

113. 发现人员触电时，应立即用绝缘物体拨开电源或触电者。(√)

114. 当有人被烧伤时，以最快的速度用冷水冲洗烧伤部位。(√)

115. “防消结合”就是把防火和灭火有机结合起来，相辅相成、互相促进。(√)

116. 防火分区是指在建筑物内部采用防火墙、耐火楼板分隔而成，防止火灾向同一建筑的其余部分蔓延的空间。(×)

117. 排烟系统是指采用机械排烟方式或自然通风方式，将烟气排至建筑物外，保障建筑物内的有烟区域保持一定能见度的系统。(√)

118. 一般来讲，建筑物的安全疏散设施包括疏散楼梯和楼梯间、疏散走道、安全出口、应急照明和疏散指示标志、应急广播及辅助救生设施等。对超高层建筑还需设置避难层和直升机停机坪等。(√)

119. 单位的消防安全管理人是本单位的消防安全责任人。(×)

120. 消防工作实行单位全面负责责任制，建立健全社会化的消防工作网络。(×)

121. 消防责任事故罪是指行为人违反消防管理规范，经公安消防机构通知采取改正措施而拒绝执行，造成严重后果的行为。(√)

122. 由于水分布广泛，取用方便，在化学性质上呈中性、无毒，且冷却效果非常好。因此，水是最常用、最主要的灭火剂。(√)

123. 设置在疏散走道上的防火卷帘，应在卷帘两侧设置启闭装置，并具有手动、自动和机械控制功能。(√)

124. 防火门应为向疏散方向开启的平开门，并在关闭后应能从任何一侧手动开启。(√)

125. 消防设施、器材周围不得堆放任何杂物和其他设备。(√)

126. 因工作需要，现场消防设施需要移动、拆除时，应采取临时防火措施，并得到主管部门批准；工作结束后，必须及时恢复。（√）

127. 禁止在具有火灾、爆炸危险的场所使用明火。（√）

128. 消防安全检查是单位内部结合自身情况，适时了解本单位内部消防安全工作开展情况，督促、整改存在问题和隐患的一项消防安全管理活动。（√）

129. 消防安全重点单位应每日进行防火巡查，并确定巡查的人员和频次。（×）

130. 机关、团体、事业单位应至少每月进行一次防火检查，其他单位应至少每季度进行一次防火检查。（×）

131. 防火巡查人员应及时纠正违章行为，妥善处置火灾危险；对无法当场处置的，应立即报告；如发现初期火灾应及时扑救并立即报警。（√）

132. 闪点是评定液体火灾危险性的主要依据。物质的闪点越高，火灾危险性就越大；反之，则越小。（×）

133. 在发生火灾疏散物资时，应先疏散受水、火、烟威胁最大的物资。（√）

134. 当灭火人员能够接近着火物时，应迅速利用身边的灭火器材进行灭火，尽量将火势控制在初期、低温、少烟阶段。（√）

135. 在存放易燃物品的场所，照明灯具下方不应堆放易燃物品；在散发可燃气体和可燃蒸汽的场所，应选用防爆照明灯具。（√）

136. 火灾应急广播系统具有向指定区域播报火灾应急信息，用于人员疏散和灭火指挥的功能。（√）

137. 水基型灭火器包括清水灭火器、泡沫灭火器和 CO_2 灭火器。（×）

138. 干粉灭火器适用于扑救易燃液体、可燃气体和电气设备的初期火灾。（√）

139. 在室外使用灭火器时，应选择在下风方向，对准火焰最上部进行喷射。（×）

140. 干粉灭火器一经开启使用后，必须进行再充装。（√）

141. 气体灭火系统一般具有自动控制、手动控制、机械应急操作三种启动方式。（√）

142. 消防技术标准根据制定的部门不同，划分为强制性标准和推荐性标准。（×）

143.《国网北京市电力公司后勤专业消防安全工作规范》中规定的生产辅助房屋包括变电站设备设施用房。（×）

四、简答题

1. 灭火和应急疏散预案编制内容有哪些?

答:(1)单位的基本情况，火灾危险分析。

(2)火灾现场通信联络、灭火、疏散、救护、保卫等任务的负责人及各自职责。

(3)报警和接警处置程序。

(4)应急疏散的组织程序和措施。

(5)扑救初起火灾的程序和措施。

(6)通信联络、安全防护和人员救护的组织与调度程序和保障措施。

2. 办公场所安全疏散管理应符合哪些要求?

答:(1)封闭楼梯间、防烟楼梯间的门应完好，门上应有正确启闭状态的标识，保证其正常使用。

(2)办公场所在工作期间疏散出口、安全出口的门不应锁闭，应确保疏散通道、安全出口的畅通，禁止占用、堵塞疏散通道和楼梯间。

(3)常闭式防火门应经常保持关闭；需要经常保持开启状态的防火门，应保证其火灾时能自动关闭；自动和手动关闭的装置应完好有效。

(4)安全出口、疏散门不应设置门槛或其他影响疏散的障碍物，且在其1.4m范围内不应设置台阶。

(5)各楼层的明显位置应设置安全疏散指示图，指示图上应标明疏散路线、安全出口、人员所在位置和必要的文字说明。

(6)举办展览等大型群众性活动，应事先根据场所的疏散能力核定容纳人数。活动期间应对人数进行控制，采取防止超员的措施。

3. 火灾扑灭后，发生火灾的单位和相关人员有哪些义务?

答：火灾扑灭后，发生火灾的单位和相关人员应当按照公安机关消防机构的要求保护现场，接受事故调查，如实提供与火灾有关的情况。

4.《中华人民共和国消防法》对消防设施、器材、消火栓等，做了哪些规定?

答：任何单位和个人不得损坏、挪用或者擅自拆除、停用消防设施和器材，不得埋压、圈占、遮挡消火栓或者占用防火间距，不得占用、堵塞和封闭疏散通道、安全出口、消防车通道。

5. 火灾现场总指挥根据扑救火灾的需要，有权决定哪些事项?

答:（1）使用各种水源。

（2）截断电力、可燃气体和可燃液体的输送，限制用火用电。

（3）划定警戒区，实行局部交通管制。

（4）利用邻近建筑物和有关设施。

（5）为了抢救人员和重要物资，防止火势蔓延，拆除或者破损毗邻火灾现场的建筑物、构筑物或者设施等。

（6）调动供水、供电、供气、通信、医疗救护、交通运输、环境保护等有关单位协助灭火救援。

第二章

后勤专业防汛安全管理

一、单选题

1. 国网北京市电力公司后勤专业防汛工作原则不包括（B）。

A. 安全第一　　B. 防抢结合
C. 常备不懈　　D. 预防为主

2.（B）是后勤专业防汛工作的职能管理部门，负责按照公司防汛指挥部统一部署组织开展后勤专业范围内的防汛工作。

A. 公司调控中心　　B. 公司后勤工作部
C. 公司组织部　　D. 公司监察部

3.（C）不是公司后勤工作部应履行的职责。

A. 负责公司本部后勤专业防汛安全工作
B. 负责生产辅助房屋及其设备设施的防汛检查、隐患排查和督促整改工作
C. 完善后勤工作防汛资料，建立防汛“一点一案”，明确防汛重点
D. 负责公司本部安全度汛及汛期应急值班后勤保障工作

4. 公司后勤工作部负责统一指导公司生产辅助房屋及其设备设施、施工现场和（B）工作。

A. 办公用房度汛　　B. 车辆安全度汛
C. 周转用房度汛　　D. 生产服务用车度汛

5. 公司后勤工作部负责生产辅助房屋及其设备设施的（A）、隐患排查和督促整改工作。

A. 防汛检查　　B. 安全检查
C. 安全巡查　　D. 隐患整改

6. 公司后勤工作部负责组织协调汛情发生时的（B）、车辆调配、各种应急药品供给、疫情防控等后勤保障工作，配合做好生产辅助房屋及其设备设施、车辆等的灾情勘察、统计工作。

A. 救援物资　　B. 医疗抢救
C. 现场搜救　　D. 应急救援

7. 国网北京市电力公司后勤工作部负责突发汛情时抢险车辆调配工作，确保大型吸污排涝车、运输车、吊车等（B）充足可用。

A. 特种车辆　　B. 抢险车辆
C. 救护车辆　　D. 指挥车辆

8.（B）负责公司本部安全度汛及汛期应急值班后勤保障工作。

A. 公司调控中心　　B. 公司后勤工作部
C. 公司组织部　　D. 公司监察部

9. 国网北京市电力公司后勤工作部负责联络市交管局、市交通委、医疗机构等政府职能和公共卫生机构，及时获得支持，确保（B）顺利开展，伤亡人员及时得到救治和处理。

A. 救援工作　　B. 应急工作
C. 支援工作　　D. 抢险工作

10.（B）负责公司本部后勤专业防汛安全工作。

A. 公司调控中心　　B. 公司后勤工作部
C. 公司组织部　　D. 公司监察部

11.（B）不是各单位后勤管理部门应履行的职责。

A. 排查、鉴定、消除本单位后勤设备设施隐患及缺陷，制定落实相应技术保障措施

B. 组织撤离人员或被隔离人员以及现场抢险工作人员的食宿安排，确保国网北京市电力公司日常工作不间断和人员的正常生活

C. 制定并修订本单位后勤专业抢险处置应急预案和防汛现场处置方案

D. 按照国家、市区两级政府和国网北京市电力公司疫情防控有关要求，制定并落实本单位后勤专业防汛工作相关疫情防控工作措施，确保工作人员健康安全

12. 各单位后勤管理部门建立健全本单位后勤专业防汛组织机构，做好汛前隐患排查治理、项目实施、物资装备配置、培训演练等工作，在汛期内安排（D）h 专人值班，确保信息畅通。

A.6　　B.12
C.18　　D.24

13. 各单位后勤管理部门完善本单位后勤工作防汛资料，建立防汛（B），明确防汛重点。

A. 一事一案　　B. 一点一案
C. 一点一策　　D. 一事一策

14. 各单位后勤管理部门负责排查、鉴定、消除本单位后勤设备设施（A），制定落实相应技术保障措施。

A. 隐患及缺陷　　B. 问题及隐患
C. 问题及缺陷　　D. 问题及不足

15. 各单位后勤管理部门制定并修订本单位后勤专业抢险处置（C）和防汛现场处置方案。

A. 演练方案　　B. 安全方案
C. 应急预案　　D. 应急处理

16. 各单位后勤管理部门负责联络协调本地区政府有关部门，及时获取信息，做好各项故障抢修工作；遇有严重汛情时，按要求启动防汛（C），组织本单位人员做好灾情勘察、统计工作。

A. 演练方案　　B. 安全方案
C. 应急预案　　D. 处置方案

17. 国网北京市电力公司后勤防汛保障时间段为（B）。

A. 每年 6 月 1 日 0 时至 9 月 25 日 24 时
B. 每年 6 月 1 日 0 时至 9 月 30 日 24 时

C. 每年 6 月 15 日 0 时至 9 月 25 日 24 时
D. 每年 6 月 15 日 0 时至 9 月 30 日 24 时

18. 各单位要明确后勤专业防汛工作责任人和工作职责，落实工作责任，制定后勤防汛工作方案，包括编制生产辅助房屋重点区域防汛专项（D）和防汛现场处置方案。

A. 演练方案　　B. 安全方案
C. 应急预案　　D. 处置预案

19. 各单位要完成后勤专业的“一点一案”统计，明确整改方式、整改时间和采取的临时措施，建立（B）逐项销项机制。

A. 一事一案　　B. 一点一案
C. 一点一策　　D. 一事一策

20. 各单位要确保防汛装备和物资及时补充到位，物资补充采购工作由专人负责。完善物资（B），建立使用记录机制。

A. 方案　　B. 台账
C. 清单　　D. 文档

21. 各单位要做好防汛装备检查工作：做好防汛水泵、便携式发电机等（C）传动校验工作，对有故障的防汛装备及时进行维修，确保汛前各类防汛装备完好可用。

A. 防汛物资　　B. 应急物资
C. 防汛装备　　D. 应急装备

22. 各单位要做好车辆（C）工作，同时根据以往经验，对驾驶人员做好雨季行车相关技能的培训。

A. 维护　　B. 保养
C. 保养和检修　　D. 维修

23. 各单位组织召开专业防汛度夏专项安全会。完善应急抢修组织机构及

（C），抽调精干力量组成应急抢修队伍，组织开展应急演练，确保应急响应迅速、应急处置有效、应急保障措施有力。

A. 演练方案　　B. 安全方案
C. 应急预案　　D. 处置方案

24. 防汛评估检查工作分（C）个阶段。

A. 1　　B. 2
C. 3　　D. 4

25. 11 月初至次年（D）各单位后勤管理人员应对单位所属生产辅助房屋及其设备设施进行安全检查，建立和完善房屋安全管理档案。

A. 1 月初　　B. 1 月底
C. 2 月初　　D. 2 月底

26. 房屋安全责任人应当采取（A）措施，排除房屋安全隐患。

A. 六月底前，检查电梯夹层，防止夹层渗水
B. 六月底前，完成严重破损危险房屋的翻建挑顶
C. 六月底前，完成老朽破损的危险电路更新工程
D. 重要特种设备房及水浸风险大的场所（如电梯前室、地下室入口、设备房门口、屋面）需存放足够的沙袋等挡水物资

27. 雨中抢险抢修工作中，（C）是错误的。

A. 屋面漏雨的，应立即采取抽换瓦件或临时苫盖措施
B. 墙体湿透、内侧漏水严重，苫盖无效，且墙体有下沉、倾斜、变形情况的应立即采取支顶防护措施
C. 临街院墙倒塌发生后，应立即将现场包围起来
D. 混凝土承重构件发生滚动、倾斜、变形，或原有裂隙加大的，应立即采取支顶加固措施

28. 上汛前为确保物资充足，应针对（B）和专项装备进行一次全面检查，必要时进行补充和调整。

A. 消防物资　　B. 防汛物资
C. 医疗物资　　D. 防汛挡板

29. 为保证防汛物资装备（C）一致，汛期内应定期盘点防汛物资库存，定期进行防汛专项装备的试验、维护和保养，保障汛期防汛专项装备随时可用。

A. 账、卡　　B. 卡、物
C. 账、卡、物　　D. 账、物

30. 下汛后应全面梳理统计（B）和装备，按照定额标准，编制防汛大修和技改项目计划，补充防汛物资损耗，维修保养专项装备。

A. 消防物资　　B. 防汛物资
C. 医疗物资　　D. 防汛挡板

31. 降雨量达到（B）以上应在雨中及雨后，对房屋安全、漏雨等情况进行检查，登记房屋异常状况、漏雨部位和积水情况等，及时组织抢险抢修。

A. 小雨　　B. 中雨
C. 大雨　　D. 暴雨

32.（D）期间，合理安排车辆使用计划，恶劣天气时应尽量减少车辆出行。

A. 小雨　　B. 中雨
C. 大雨　　D. 强降雨

33.（C）不属于生产辅助房屋度汛措施。

A. 墙体湿透、内侧漏水严重，苫盖无效，且墙体有下沉、倾斜、变形时，房屋安全责任人立即采取支顶防护措施并上报

B. 地区或庭院积水严重时，及时采取措施处理

C. 施工单位应落实危险部位防汛，保证 24h 值班巡检制度并汇报

D. 木屋架及混凝土承重构件发生滚动、倾斜、变形，或原有裂隙加大的，房屋安全责任人立即采取支顶加固措施并上报

34.（B）不属于后勤工程项目度汛措施。

A. 对施工现场按标准实现现场硬化处理
B. 临街院墙倒塌，房屋安全责任人上报后勤防汛工作人员并清理现场
C. 雨期，现场安全管理人员及时疏浚排水系统
D. 雷雨天气时，停止塔吊、起重、户外高空作业

35. 以下车辆度汛措施符合规定的是（A）。

A. 抢险车辆充足
B. 防汛期间，车辆停放地点处于低洼地带
C. 未对车辆进行夏日车况检查
D. 抢险车辆调配不当

36. 以下符合应急响应与事故处理管理规定的是（D）。

A. 发生房屋安全事故、施工现场事故及车辆事故时，后勤防汛工作小组未积极抢救伤者

B. 发生重大安全事故造成人员伤亡及财产损失未及时通报

C. 房屋破坏波及公司煤气、热力、供电等线路或设施安全时，未及时通知并做好工作

D. 后勤防汛工作人员在规定的时间内将统计汇总数据及时上报后勤防汛工作小组

37. 各单位防汛装备检查工作要求包括（D）。

A. 做好防汛水泵、便携式发电机等防汛装备传动校验工作
B. 对有故障的防汛装备及时进行维修
C. 确保汛前各类防汛装备完好可用
D. 以上都是

38. 特大暴雨是指 24h 内降雨量大于（D）mm。

A.100　　B.150
C.200　　D.250

39. 进入（A），项目部、架子队必须建立汛期值班制度，并于相关工点保持畅通的联系。

A. 汛期　　B. 夏季
C. 秋季　　D. 冬季

40. 及时做好应急准备，有效处置突发事件，减少人员伤亡和财产损失的前提是（A）。

A. 早发现、早报告、早预警　　B. 应急救援的实施
C. 人员动员的落实　　D. 人员准备

41. 一旦发生灾害和险情，不正确的处理原则是（D）。

A. 先防护后处理　　B. 先处理后防护
C. 一边防护一边处理　　D. 只处理不防护

42. 暴雨是指（A）。

A. 降雨量为 50~100mm
B. 降雨量为 100~200mm
C. 降雨量大于 200mm
D. 降雨量为 20~50mm

43. 在汛期，水利、电力、气象、海洋、农林等部门的水文站、雨量站，必须及时、准确地向各级防汛指挥部提供（B）。

A. 周期水文信息　　B. 实时水文信息
C. 地理信息　　D. 民情民意

44. 当江河、湖泊、水库的水情接近保证水位或者安全流量时，或者防洪工程设施发生重大险情，情况紧急时，县级以上地方人民政府可以宣布进入（B），并报告上级人民政府防汛指挥部。

A. 防汛期　　B. 紧急防汛期
C. 重点防汛期　　D. 主要防汛期

二、多选题

1. 国网北京市电力公司后勤专业防汛工作遵循（ABCD）原则。

A. 安全第一　　B. 常备不懈

C. 预防为主　　D. 全力抢险

2. 国网北京市电力公司后勤工作部应履行以下职责（ABC）。

A. 负责生产辅助房屋及其设备设施的防汛检查、隐患排查和督促整改工作

B. 负责公司本部安全度汛及汛期应急值班后勤保障工作

C. 负责突发汛情时抢险车辆调配工作，确保大型吸污排涝车、运输车、吊车等抢险车辆充足可用

D. 完善本单位后勤工作防汛资料，建立防汛“一点一案”，明确防汛重点

3.（AD）不属于国网北京市电力公司后勤工作部职责。

A. 贯彻落实公司年度后勤专业度汛方案，部署落实本单位后勤专业防汛工作任务

B. 统一指导公司生产辅助房屋及其设备设施、施工现场、车辆安全度汛工作

C. 生产辅助房屋及其设备设施的防汛检查、隐患排查和督促整改工作

D. 负责联络协调本地区政府有关部门，及时获取信息，做好各项故障抢修工作

4. 各单位后勤管理部门应履行以下职责（ABD）。

A. 负责排查、鉴定、消除本单位后勤设备设施隐患及缺陷，制定落实相应技术保障措施

B. 在汛期内安排 24h 专人值班，确保信息畅通

C. 负责公司本部后勤专业防汛安全工作

D. 制定并修订本单位后勤专业抢险处置应急预案和防汛现场处置方案

5.（AC）不属于各单位后勤管理部门职责。

A. 组织协调汛情发生时的医疗抢救、车辆调配、各种应急药品供给、疫情防控等后勤保障工作

B. 联络协调本地区政府有关部门，及时获取信息，做好各项故障抢修工作

C. 负责突发汛情时抢险车辆调配工作

D. 完善后勤工作防汛资料，建立防汛“一点一案”，明确防汛重点

6.（ABC）在国网北京市电力公司后勤防汛保障时间内。

A. 6 月 15 日　　B. 8 月 15 日

C. 9 月 1 日　　D.10 月 1 日

7.（ABD）属于各单位防汛准备期间的工作。

A. 明确后勤专业防汛工作责任人和工作职责

B. 完成后勤专业的“一点一案”统计

C. 完成严重破损危险房屋的翻建挑顶

D. 确保防汛装备和物资及时补充到位

8. 以下对防汛评估检查工作描述错误的是（CD）。

A. 第一阶段为各单位汛前自评估阶段

B. 第二阶段公司后勤部将组织对各单位开展汛前督导检查工作

C. 第三阶段针对复查发现问题督促相关单位完成整改

D. 第四阶段各单位按照工作督导检查出的问题及相关要求，进一步落实防汛保障措施

9. 房屋安全责任人应当采取的措施包括（ACD）。

A. 完成房屋木结构加固，危险房墙、院墙拆砌和屋面严重漏雨及浸泡房屋的积水排除

B. 对单位所属生产辅助房屋及其设备设施进行安全检查，建立和完善房屋安全管理档案

C. 对高层建筑物、构筑物的避雷设施，包括共用电视天线等设施应由专业人员进行接地、防雷性能检测，及时排除危险隐患

D. 疏通、清淘平房院落的下水管线，疏浚低洼院落的排水明沟

10. 防汛的物资准备包括（ABCD）。

A. 上汛前，确保防汛装备和物资及时到位
B. 建立物资台账，专人专管
C. 防汛物资中应包含必要的生活物资和医药储备
D. 重点区域应加强防汛物资储备，防止水浸

11. 上汛前，为确保生产辅助房屋安全，应完成的准备工作包括（ABCD）。

A. 完成房屋木质结构加固，危险房墙、院墙拆砌和屋面严重漏雨及浸泡房屋的积水排除

B. 对高层建筑物、构筑物的避雷设施，包括共用电视天线等设施，应由专业人员进行接地、防雷性能检测，及时排除危险隐患

C. 完成严重破损危险房屋的翻建挑顶；因工程量较大，期限内完不成的，应采取支顶、加固或动员住户迁出等安全措施

D. 疏通、清淘平房院落的下水管线，疏浚低洼院落的排水明沟。同时，完成老朽破损的危险电路更新工程

12. 各单位应组织协调汛情发生时的（ABCD）工作。

A. 医疗抢救　　B. 车辆调配
C. 各种应急药品供给　　D. 疫情防控

13. 雨中抢险抢修主要措施包括（ABCD）。

A. 屋面漏雨的，应立即采取抽换瓦件或临时苫盖措施

B. 墙体湿透、内侧漏水严重，苫盖无效，且墙体有下沉、倾斜、变形情况的应立即采取支顶防护措施，必要时应转移人员

C. 混凝土承重构件发生滚动、倾斜、变形或原有裂隙加大的，应立即采取支顶加固措施，必要时应转移人员

D. 临街院墙倒塌，应立即清理现场，防止阻塞交通。临街房屋倒塌，局部清理后，应立即加设遮挡

14. 后勤防汛安全目标包括（ABCD）。

A. 办公楼不发生因汛塌房死人事故
B. 不发生院内房屋外立面墙砖开裂、脱落，砸伤人员事故
C. 不发生因汛期责任区内树木倒压伤人事故
D. 不发生小型基建、生产辅助工程项目因汛损毁和塌方死人事故

15. 日常保障信息报送应做到（ABCD）。

A. 及时　　B. 准确
C. 全面　　D. 实事求是

16. 车辆度汛措施包括（ABD）。

A. 进行后勤专业汛期排班，值班人员和抢险抢修人员坚守岗位，保持通信24h畅通，保证防汛期间车辆及交通安全
B. 应完成抢险车辆调配，确保大型吸污排涝车、运输车、吊车等抢险车辆充足可用
C. 强降雨期间，合理安排车辆使用计划，恶劣天气时车辆不出行
D. 遇有抢险、抢修工作任务时，出车前需对车辆进行检查，并提示驾驶员注意雨天行车注意事项，确保人员、车辆安全

17. 应急响应与事故处理包括（BCD）。

A. 当发生突发事件时，现场人员应及时上报公司后勤工作部
B. 发生房屋安全事故、施工现场事故及车辆事故时，应积极抢救伤者，进行事故现场保护，可采取拍照、录像等手段保存事故现场原始资料，记录抢救抢险过程
C. 发生重大安全事故造成人员伤亡及财产损失的，现场人员应第一时间上报公司后勤工作部，详细说明事故情况，并在事后采取书面形式补报
D. 房屋破坏波及公司煤气、热力、供电等线路或设施安全时，现场人员应及时上报公司后勤工作部，并配合做好相关工作

18. 国网北京市电力公司后勤专业防汛保障重点包括（ABCD）。

A. 泥石流等地质灾害易发区　　B. 暴雨山洪区
C. 低洼内渍区　　D. 沿河跨河区

19. 安全标准化工作的考核形式包括（ABCD）。

A. 现场检查　　B. 抽查资料
C. 现场提问　　D. 检查记录

20. 安全标准化的考核项目包括（ABCD）。

A. 后勤防汛组织职责　　B. 防汛准备
C. 度汛措施　　D. 应急响应与事故处理

21.（ABC）不符合防汛管理职责。

A. 国网北京市电力公司未建立防汛工作管理责任制，明确负责人
B. 后勤防汛工作小组未按规定监督检查
C. 未制定后勤防汛方案
D. 上汛前，房屋安全责任人未采取规定措施

22.（ABD）不属于防汛准备管理规定。

A. 防汛设备设施和防汛物资的储备工作不到位
B. 车辆防汛准备未进行车辆检查保养及驾驶员行车技能培训
C. 未编制非生产性房屋重点区域防汛专项处置预案和防汛现场处置方案
D. 重要特种设备房及水浸风险大的场所未存放挡水物资

23.（ABD）属于生产辅助房屋度汛措施。

A. 墙体湿透、内侧漏水严重，苫盖无效，且墙体有下沉、倾斜、变形时，房屋安全责任人立即采取支顶防护措施并上报

B. 地区或庭院积水严重时，及时采取措施处理

C. 施工单位应落实危险部位防汛，保证 24h 值班巡检制度并汇报

D. 木屋架及混凝土承重构件发生滚动、倾斜、变形或原有裂隙加大的，房屋安全责任人立即采取支顶加固措施并上报

24.（ACD）属于后勤工程项目度汛措施。

A. 对施工现场按标准实现现场硬化处理

B. 临街院墙倒塌，房屋安全责任人上报后勤防汛工作人员并清理现场

C. 雨期，现场安全管理人员及时疏浚排水系统

D. 雷雨天气时，停止塔吊、起重、户外高空作业

25.（BCD）车辆度汛措施不符合规定。

A. 抢险车辆充足

B. 防汛期间，车辆停放地点处于低洼地带

C. 未对车辆进行夏日车况检查

D. 抢险车辆调配不当

26.（ABC）不符合应急响应与事故处理管理规定。

A. 发生房屋安全事故、施工现场事故及车辆事故时，后勤防汛工作小组未积极抢救伤者

B. 发生重大安全事故造成人员伤亡及财产损失未及时通报

C. 房屋破坏波及公司煤气、热力、供电等线路或设施安全时，未及时通知并做好工作

D. 后勤防汛工作人员在规定的时间内将统计汇总数据及时上报后勤防汛工作小组

27. 上汛前，为确保车辆安全，应完成的准备工作包括（ABCD）。

A. 进行车辆检查

B. 进行车辆保养

C. 进行车辆检修

D. 对驾驶人员进行雨季行车相关技能的培训

三、判断题

1. 上汛前，为确保车辆安全，需对驾驶人员进行雨季行车相关技能的培训。（√）

2. 国网北京市电力公司后勤工作部要完成后勤专业的“一点一案”统计。（×）

3. 各单位要明确后勤专业防汛工作责任人和工作职责，落实工作责任，制定后勤防汛工作方案。（√）

4. 各单位要确保防汛装备和物资及时补充到位，物资补充采购工作由专人负责。（√）

5. 防汛物资是指防汛抢险中用到的物品以及预防洪涝灾害所涉及的器材。（√）

6. 防汛是指汛期防止洪水危害，保障防护区安全的工作。（√）

7. 讯期内，为保证防汛物资装备“账、卡、物”一致，应定期盘点防汛物资库存，定期进行防汛专项装备的试验、维护和保养，保障汛期防汛专项装备随时可用。（√）

8. 下汛后，应全面梳理统计防汛物资和装备，按照定额标准，编制防汛大修和技改项目计划，补充防汛物资损耗，维修保养专项装备。（√）

9. 后勤工作部是后勤专业防汛工作的职能管理部门，负责按照公司防汛指挥部统一部署组织开展后勤专业范围内的防汛工作。（√）

10. 国网北京市电力公司后勤工作部负责统一指导公司生产辅助房屋及其设备设施、施工现场、车辆安全度汛工作。（√）

11. 国网北京市电力公司后勤工作部负责生产辅助房屋及其设备设施的防汛检查、隐患排查和督促整改工作。（√）

12. 国网北京市电力公司后勤工作部负责组织协调汛情发生时的医疗抢救、车辆调配、各种应急药品供给、疫情防控等后勤保障工作，配合做好生产辅助房屋及其设备设施、车辆等的灾情勘察、统计工作。（√）

13. 国网北京市电力公司后勤工作部负责突发汛情时抢险车辆调配工作，确保大型吸污排涝车、运输车、吊车等抢险车辆充足可用。（√）

14. 国网北京市电力公司后勤部负责公司本部安全度汛及汛期应急值班后勤保障工作。（√）

15. 国网北京市电力公司后勤工作部负责联络市交管局、市交通委、医疗机构等政府职能和公共卫生机构，及时获得支持，确保应急工作顺利开展，伤亡人员及时得到救治和处理。（√）

16. 国网北京市电力公司后勤工作部负责组织撤离人员或被隔离人员以及现场抢险工作人员的食宿安排，确保公司日常工作不间断和人员的正常生活。（√）

17. 各单位后勤管理部门梳理本单位防汛物资消耗和装备缺陷故障情况，按照《国网北京市电力公司防汛装备及物资配置标准（试行）》，做好防汛物资差异化储备工作，确保汛前配备到位。（√）

18. 国网北京市电力公司后勤工作部建立健全本单位后勤专业防汛组织机构，做好汛前隐患排查治理、项目实施、物资装备配置、培训演练等工作，在汛期内安排 24h 专人值班，确保信息畅通。（×）

19. 各单位后勤管理部门完善本单位后勤工作防汛资料，建立防汛“一点一案”，明确防汛重点。（√）

20. 各单位后勤管理部门负责排查、鉴定、消除本单位后勤设备设施隐患及缺陷，制定落实相应技术保障措施。（√）

21. 各单位后勤管理部门制定并修订本单位后勤专业抢险处置应急预案和防汛现场处置方案。（√）

22. 各单位后勤管理部门按照国家、市区两级政府和国网北京市电力公司疫情防控有关要求，制定并落实本单位后勤专业防汛工作相关疫情防控工作措施，确保工作人员健康安全。（√）

23. 各单位后勤管理部门负责联络协调本地区政府有关部门，及时获取信息，做好各项故障抢修工作。（√）

24. 国网北京市电力公司后勤防汛保障时间段为每年 6 月 5 日 0 时至 9 月 15 日 24 时。（×）

25. 各单位要确保防汛装备和物资及时补充到位，物资补充采购工作由专人负责。完善物资台账，建立使用记录机制。（√）

26. 各单位要做好防汛装备检查工作：做好防汛水泵、便携式发电机等防汛装备传动校验工作，对有故障的防汛装备及时上报。（×）

27. 各单位要做好车辆保养和检修工作，同时根据以往经验，对驾驶人员做好雨季行车相关技能的培训。（√）

28. 各单位后勤管理部门组织召开专业防汛度夏专项安全会。完善应急抢修组织机构及应急预案，抽调精干力量组成应急抢修队伍，组织开展应急演练，确保应急响应迅速、应急处置有效、应急保障措施有力。（√）

29. 防汛评估检查工作分四个阶段（×）

30. 每年 11 月初至次年 2 月底，各单位后勤管理人员应对单位所属生产辅助房屋及其设备设施进行安全检查，建立和完善房屋安全管理档案。（√）

四、简答题

1. 国网北京市电力公司后勤专业防汛工作遵循原则是什么？

答：国网北京市电力公司后勤专业防汛工作遵循原则是“安全第一，常备不懈，预防为主，全力抢险”。

2. 国网北京市电力公司后勤防汛保障时间段是什么时候？

答：每年6月1日0时至9月30日24时。

3. 后勤防汛安全目标是什么？

答：（1）办公楼不发生因汛塌房死人事故。

（2）不发生院内房屋外立面墙砖开裂、脱落，砸伤人员事故。

（3）不发生因汛期责任区内树木倒压伤人事故。

（4）不发生小型基建、生产辅助工程项目因汛损毁和塌方死人事故。

（5）不发生因汛导致的车辆损坏及连带的人员伤亡事件。

4. 国网北京市电力公司后勤专业防汛保障重点包括哪些？

答：国网北京市电力公司后勤专业防汛保障重点包括位于泥石流等地质灾害易发区、暴雨山洪区、低洼内渍区、沿河跨河区、地势低洼区的办公场所、青年公寓、生产辅助场所、施工现场等。

5. 各单位防汛装备检查工作要求包括哪些？

答：做好防汛水泵、便携式发电机等防汛装备传动校验工作，对有故障的防汛装备及时进行维修，确保汛前各类防汛装备完好可用。

第三章

生产辅助房屋及其设备设施安全管理

一、单选题

1. 生产辅助房屋未按照规定变动建筑主体和承重结构的，应当委托房屋安全鉴定机构进行（A）鉴定。

A. 安全　　B. 抗震
C. 结构质量　　D. 可靠性

2. 生产辅助房屋有下列情形的，房屋权属单位应当委托专业机构进行抗震鉴定（C）。

A. 出现地基不均匀沉降的
B. 出现开裂、变形等结构损伤的
C. 达到设计使用年限需要继续使用的
D. 因自然灾害或者事故可能导致结构损伤的

3. 办公场所的避难层和避难走道的障碍物应及时清理，避难层和避难走道出入口（A）锁闭。

A. 禁止　　B. 允许
C. 无所谓　　D. 看情况

4. 因工作需要增加大功率电器设备时，应提前与（B）取得联系，并经核定电源及用电设备容量后方可使用。

A. 物业管理公司　　B. 后勤管理部门
C. 承租单位　　D. 所属各单位

5. 物业管理公司应在后勤管理部门的监督指导下根据生产辅助房屋权属单位的维护保养计划对房屋（C）大系统进行日常检查和维护。

A.7　　B.8
C.9　　D.10

6. 办公室及楼道屋顶安装具有自动水喷淋灭火设施，在其水喷淋喷头周边各（C）mm 的范围内，严禁堆放各种物品。

A.100　　B.300
C.500　　D.700

7. 安全管理人员督促对特种设备进行经常性日常维护保养，（B）至少进行一次自行检查。

A. 每年　　B. 每月
C. 每周　　D. 每天

8. 特种设备存在严重事故隐患，无改造、修理价值，（C）应当依法履行报废义务。

A. 承租单位　　B. 所属各单位
C. 后勤管理部门　　D. 物业管理公司

9. 房屋建筑根据建筑结构、功能划分为（C）个分系统。

A.7　　B.8
C.9　　D.10

10. 特种设备应当根据设备特点、使用环境和应用场所设置（D）。

A. 警告标志　　B. 禁止标志
C. 提示标志　　D. 安全标志

11. 后勤管辖各场所的有限空间及作业场所应设置明显的安全风险告知牌及（B）。

A. 提示标识　　B. 安全警示标识
C. 警告标识　　D. 禁止标识

12. 结合后勤专业所辖生产辅助房屋及其设备设施的安全事故发生可能性及安全事故一旦发生造成的影响力严重程度，安全等级可分为（B）级。

A.2　　B.3

C.4　　D.5

13. 自行管理的单位和受托管理的物业管理公司应当配备（B）。

A. 安全管理负责人　　B. 安全管理员
C. 节能管理人员　　D. 作业人员

14. 房屋出租前，应通过（D）的安全审核，确保对公司安全生产、运行无影响。

A. 承租单位　　B. 所属各单位
C. 后勤管理部门　　D. 房屋权属单位

15. 自用房屋进行装饰装修活动需变动建筑主体或承重结构，应经过（A）同意。

A. 房屋建筑产权人　　B. 安全管理负责人
C. 安全管理员　　D. 作业人员

16. 以下关于办公场所人员出入管理错误的是（D）。

A. 本单位人员，凭后勤管理部门核发的人员出入证件或通过人脸识别系统进入办公场所

B. 参会人员、施工人员凭会议组织部门（单位）在国网北京市电力公司协同办公系统记录的相关材料，经门卫核验后进入办公场所

C. 部门（单位）的访客需持有效证件在访客区办理登记手续，由被访部门（单位）人员确认后，方可进入办公场所

D. 政治保电任务期间，人员进出国网北京市电力公司本部实行单向流线管理，从北门进入，南门及 C 座仅供出行

17. 以下关于办公场所车辆秩序管理规定错误的是（B）。

A. 车辆进入办公场所前应办理后勤管理部门核发的有效车证，并经过入门核验

B. 办公场所内车辆行驶速度不得超过 10km/h，并注意避让其他车辆和行人

C. 院内的车辆禁止鸣笛和警报

D. 无证机动车因公进入办公场所后应于当日驶离办公场所

18.（A）属于房屋建筑结构安全检查。

A. 汛前应对房屋建筑的外窗渗漏情况、屋面渗漏情况等进行检查

B. 供暖前应对房屋建筑采暖设施的完好性和安全性进行检查

C. 重大接待前或其他事件时，应对电梯、接待用会议室及设备等进行检查

D. 恶劣天气前后应对重要的房屋建筑设备的运行情况进行检查

19. 特种设备使用单位应在特种设备定期检验有效期届满前的（C）以内，向特种设备检验机构提出定期检验申请或委托专业机构进行检验。

A. 一周　　B. 半月

C. 一月　　D. 半年

20.（C）关于安全评估的周期正确。

A. 使用满 30 年的居住建筑应当进行首次安全评估，以后应当每 5 年进行一次安全评估

B. 达到设计使用年限仍继续使用的建筑，应当每 5 年进行一次安全评估

C. 建在河渠、山坡、软基、采空区等危险地段的房屋建筑，应当每 5 年进行一次安全评估

D. 悬挑阳台、外窗、玻璃幕墙、外墙贴面砖石或抹灰、屋檐等，应当每 5 年进行一次安全评估

21. 下列关于房屋建筑工程最低保修期限错误的是（A）。

A. 屋面防水工程、有防水要求的卫生间、房间和外墙面的防渗漏，为 2 年

B. 供热与供冷系统，为 2 个采暖期、供冷期

C. 电气系统、给排水管道、设备安装，为 2 年

D. 装修工程，为 2 年

22. 国网北京市电力公司后勤工作部应每（D）组织一次生产辅助房屋及其设备设施的消防检查。

A. 一周　　B. 半月

C. 一月　　D. 半年

23. 后勤生产辅助房屋及其设备设施的应急管理工作由（D）统一领导。

A. 承租单位　　B. 所属各单位

C. 后勤管理部门　　D. 后勤工作部

24.（C）属于应急工作组职责。

A. 负责组织编制应急预案

B. 负责配备应急救援物资和器具

C. 负责安全事故的酌情上报与处理

D. 负责组织现场应急演练并记录

25.《国网北京市电力公司应急后勤保障安全工作规范》规定，下列关于住宿保障安全表述正确的是（A）。

A. 冬季需在室内取暖时，应重点防范消防及煤气中毒风险

B. 住宿地点可以选在矿山、风电场等场所附近

C. 住宿用房不需要满足消防设施管理要求

D. 住宿用房不需要定期进行环境消毒

二、多选题

1. 生产辅助房屋有下列情形之一的，后勤管理部门应当委托房屋安全鉴定机构进行安全鉴定（ABD）。

A. 出现地基不均匀沉降的
B. 出现开裂、变形等结构损伤的
C. 达到设计使用年限需要继续使用的
D. 因自然灾害或者事故可能导致结构损伤的

2. 生产辅助房屋有下列情形的，房屋权属单位应当委托专业机构进行抗震鉴定（ACD）。

A. 达到设计使用年限需要继续使用
B. 毗邻的建设工程施工可能影响房屋建筑使用安全
C. 未采取抗震设防措施或者达不到现行抗震设防类别、烈度
D. 进行结构改造或者改变使用用途可能影响抗震性能

3. 下列属于Ⅱ类房屋的是（BCD）。

A. 具有有效的竣工图，用途与设计相符
B. 进行过结构或建筑设施设备、线路、管道改造
C. 遭受自然灾害影响及火灾、爆炸、碰撞、振动等外部事故影响
D. 虽然有有效的竣工图，但是房屋建筑的状况较差

4. 不明原因的开关掉闸时，应首先查明原因，切勿盲目合闸，发现电器设备有（ABCD）等异常现象时，应及时通知有关部门保修。

A. 打火　　B. 短路
C. 损坏　　D. 焦煳味

5. 禁止在办公场所（ABC）停放电动自行车或者为电动自行车充电。

A. 疏散走道　　B. 楼梯间

C. 安全出口　　D. 指定车棚

6.（ABCD）符合物业管理公司日常检查要求。

A. 各类设备设施完好、无缺损
B. 安全提示牌建立完好、规范
C. 各岗位有日常工作记录
D. 消防设备保养记录完整

7. 下列关于办公场所安全管理说法正确的是（AB）。

A. 户外广告牌不使用易燃可燃材料
B. 不改变或破坏建筑立面防火结构
C. 避难走道入口一般情况下锁闭
D. 安全出口处停放电动自行车

8. 下列达到出租房屋安全要求的是（ACD）。

A. 无擅自改变建筑物的使用功能
B. 易燃易爆物品单独存放
C. 疏散通道畅通
D. 线路开关无裸露线头

9.（ABC）属于基本类型安全标志。

A. 禁止标志　　B. 警告标志
C. 提示标志　　D. 消防安全标志

10. 自有房屋包括（BCD）。

A. 承租房屋　　B. 自用房屋
C. 出租房屋　　D. 空置房屋

11.（ABCD）属于危害房屋建筑使用安全的行为。

A. 擅自变动建筑主体和承重结构
B. 超过设计使用荷载使用房屋

C. 擅自拆改防雷装置

D. 擅自拆改燃气、供暖设备设施

12. 以下关于办公场所人员出入管理正确的是（ABC）。

A. 本单位人员，凭后勤管理部门核发的人员出入证件或通过人脸识别系统进入办公场所

B. 参会人员、施工人员凭会议组织部门（单位）在国网北京市电力公司协同办公系统记录的相关材料，经门卫核验后进入办公场所

C. 部门（单位）的访客需持有效证件在访客区办理登记手续，由被访部门（单位）人员确认后，方可进入办公场所

D. 政治保电任务期间，人员进出国网北京市电力公司本部实行单向流线管理，从北门进入，南门及 C 座仅供出行

13. 以下关于办公场所车辆秩序管理规定正确的是（ACD）。

A. 车辆进入办公场所前应办理后勤管理部门核发的有效车证，并经过入门核验

B. 办公场所内车辆行驶速度不得超过 10km/h，并注意避让其他车辆和行人

C. 院内的车辆禁止鸣笛和警报

D. 无证机动车因公进入办公场所后应于当日驶离办公场所

14.（BCD）不属于房屋建筑结构安全检查。

A. 汛前应对房屋建筑的外窗渗漏情况、屋面渗漏情况等进行检查

B. 供暖前应对房屋建筑采暖设施的完好性和安全性进行检查

C. 重大接待前或其他事件时，应对电梯、接待用会议室及设备等进行检查

D. 恶劣天气前后应对重要的房屋建筑设备的运行情况进行检查

15. 检验完成后，采取措施正确的是（ABC）。

A. 检验结论为合格，使用单位应当按照检验结论确定的参数使用特种设备

B. 严禁继续使用检验不合格的特种设备

C. 特种设备存在严重事故隐患，应该采取报废措施

D. 达到设计使用年限可以继续使用的特种设备，也要采取报废措施

16. 下列关于安全评估的周期错误的是（ABD）。

A. 使用满 30 年的居住建筑应当进行首次安全评估，以后应当每 5 年进行一次安全评估

B. 达到设计使用年限仍继续使用的建筑，应当每 5 年进行一次安全评估

C. 建在河渠、山坡、软基、采空区等危险地段的房屋建筑，应当每 5 年进行一次安全评估

D. 悬挑阳台、外窗、玻璃幕墙、外墙贴面砖石或抹灰、屋檐等，应当每 5 年进行一次安全评估

17. 房屋经鉴定存在危险构件，可采取的措施包括（ABCD）。

A. 减少结构使用荷载

B. 加固或更换危险构件

C. 架设临时支撑

D. 停止使用

18. 下列关于房屋建筑工程最低保修期限正确的是（BCD）。

A. 屋面防水工程、有防水要求的卫生间、房间和外墙面的防渗漏，为 2 年

B. 供热与供冷系统，为 2 个采暖期、供冷期

C. 电气系统、给排水管道、设备安装，为 2 年

D. 装修工程，为 2 年

19.（ABD）不属于应急工作组职责。

A. 负责组织编制应急预案

B. 负责配备应急救援物资和器具

C. 负责安全事故的酌情上报与处理

D. 负责组织现场应急演练并记录

20. 应急准备工作包括（ABCD）。

A. 专项应急预案编制

B. 现场处置方案的编制

C. 应急物资准备

D. 建立应急救援队伍

三、判断题

1. 生产辅助房屋经专业机构鉴定为影响结构整体安全的，应及时按照鉴定的安全性等级进行加固改造。(×)

2. 生产辅助房屋使用单位应当配合后勤管理部门开展对房屋建筑的检查维护、安全评估、安全鉴定、抗震鉴定、安全问题治理等活动。(√)

3. 受托管理的物业管理公司有权对危害房屋建筑使用安全的行为进行制止。(√)

4. 生产辅助房屋出现开裂、变形等结构损伤的应当委托房屋安全鉴定机构进行安全鉴定。(√)

5. 生产辅助房屋达到设计使用年限需要继续使用的，房屋权属单位应当委托专业机构进行抗震鉴定。(√)

6. 出具抗震鉴定报告依据的房屋建筑现状检查检测数据，应当由具备相应资格的注册结构工程师提供。(×)

7. 任何部门和个人不得干涉正常的安全评估、安全鉴定活动。(√)

8. 对接近或达到设计使用寿命的构件及设备，应及时更换。(×)

9. 物业公司应对供水、供电、空调、电梯等设备定期进行巡查、维修，并保养，记录完整。(√)

10. 生产辅助房屋装修可超过原设计标准增加房屋使用荷载。(×)

11. 办公场所的避难层和避难走道的障碍物应及时清理，避难层和避难走道出入口禁止锁闭。(×)

12. 消火栓箱、灭火器箱上应张贴使用方法的标识，办公场所内的防火卷帘下方、消防车通道、消防车登高操作场地的地面应标识出禁止占用的区域范围。(√)

13. 办公场所安全出口处可停放电动自行车或者为电动自行车充电。(×)

14. 办公场所可存放甲醛、甲苯。(×)

15. 办公室及楼道屋顶安装具有自动水喷淋灭火设施，在其水喷淋喷头周边各 500mm 的范围内。(√)

16. 严禁在各储物间（仓库）内使用电源插座，且码放物品距照明灯具的距离不得小于 500mm。(√)

17. 各单位（部门）员工要做到会正确报火警、会正确使用消防器材。（√）

18. 发现电器设备有打火、短路、损坏、焦煳味等异常现象时，可自行处理。（×）

19. 生产辅助房屋内的消防设施由具有相应资质的消防技术服务机构进行维护保养和检测。（√）

20. 后勤管理部门负责组织编制有关特种作业现场操作规程及特种作业人员安全管理制度、事故应急措施和救援预案。（√）

21. 安全管理人员督促对特种设备进行经常性日常维护保养，每年至少进行一次自行检查，并作出记录。（×）

22. 后勤管理部门对办公场所组织实施访客登记制度，确保外来人员和车辆登记备案。（√）

23. 监督检查的形式分为常规巡查和专项检查两种形式。（√）

24. 监督检查中发现的安全问题或者其他违法行为应立即制止，并责令安全管理人员限期整改。（×）

25. 生产辅助房屋是指公司及所属各单位为生产经营服务的办公用房、青年公寓以及周转住房。（√）

26. 后勤管辖各场所的有限空间及作业场所应设置明显的安全风险告知牌及安全警示标识。（√）

27. 结合后勤专业所辖生产辅助房屋及其设备设施的安全事故发生可能性及安全事故一旦发生造成的影响力严重程度，安全等级可分为两级。（×）

28. 生产辅助房屋及其设备设施的安全管理分为安全管理计划以及日常管理两个阶段。（√）

29. 生产辅助房屋及其设备设施的安全管理工作包含日常使用、安全检查、安全评估与鉴定、维修保养和建立安全档案。（√）

30. 自行管理的单位和受托管理的物业管理公司应当配备房屋建筑安全管理员。（√）

31. 生产辅助房屋及其设备设施根据权属状态可分为自有房屋和承租房屋。（√）

32. 自有房屋根据使用状态可分为自用房屋和出租房屋两类（×）

33. 与生产同建筑的自用房屋严禁在房屋结构打孔。（√）

34. 本单位人员，只能凭后勤管理部门核发的人员出入证件进入办公场

所。(×)

35. 办公场所内车辆行驶速度不得超过 5km/h，并注意避让其他车辆和行人。(√)

36. 汛前对房屋建筑的外窗渗漏情况、屋面渗漏情况等进行检查属于房屋建筑设施设备检查。(×)

37. 特种设备使用单位应在特种设备定期检验有效期届满前的 1 个月以内，向特种设备检验机构提出定期检验申请。(√)

38. 使用满 30 年的居住建筑应当进行首次安全评估，以后应当每 5 年进行一次安全评估。(×)

39. 出现开裂、变形等结构损伤应当委托房屋安全鉴定机构进行安全鉴定。(√)

40. 特种设备的维修只能由制造单位进行。(×)

41. 屋面防水工程、有防水要求的卫生间、房间和外墙面的防渗漏，最低保修期为 5 年。(√)

42. 自用房屋的安全管理档案应由房屋权属单位制作、管理。(√)

43. 出租房屋的建筑安全评估与鉴定由房屋权属单位负责。(√)

44. 租赁期限内，承租单位应按合同约定承担租用范围内出租屋及消防、电气等设备设施的维护和维修相应的责任。(√)

45. 租赁期间，承租房屋使用单位应承担自行装饰装修或增添的设施设备维修和保养。(√)

46. 后勤工作部组织建立巡查组，负责实施对生产辅助房屋及其设备设施的常规巡查工作。(√)

47. 应急准备工作分为专项应急预案、现场处置方案的编制，应急队伍组建和应急物资准备三部分。(√)

48. 各专项应急预案演练每年至少组织一次，各现场处置方案的演练每月至少组织一次。(×)

四、简答题

1. 当生产辅助房屋出现什么情形，后勤管理部门应当委托房屋安全鉴定机构进行安全鉴定?

答:（1）出现开裂、变形等结构损伤的。

（2）出现地基不均匀沉降的。

（3）因自然灾害或者事故可能导致结构损伤的。

（4）未按照规定变动建筑主体和承重结构的。

（5）进行结构改造或者改变使用用途可能影响房屋建筑安全的。

（6）毗邻的建设工程施工可能影响房屋建筑使用安全的。

（7）经安全评估发现房屋建筑存在安全隐患需要进行安全鉴定的。

（8）其他依法应当进行安全鉴定的。

2. 当生产辅助房屋出现什么情形，房屋权属单位应当委托专业机构进行抗震鉴定?

答:（1）达到设计使用年限需要继续使用的。

（2）未采取抗震设防措施或者达不到现行抗震设防类别、烈度的。

（3）进行结构改造或者改变使用用途可能影响抗震性能的。

（4）其他依法应当进行抗震鉴定的。

3. 出租房屋本体应满足什么要求?

答:（1）出租房屋的建筑结构和设备设施应当符合建筑、消防、治安、卫生等方面的安全条件，不得危及人身安全。

（2）出租房屋建筑应依法合规、产权清晰。

4. 空置房屋的安全检查内容包括什么?

答:（1）现场使用状态：空置房屋应关停不必要的设备设施。

（2）房屋及公共设施管理：各类设备设施定期保养，设施完好、无缺损，安全提示牌建立完好、规范。

（3）消防设备管理：定期进行设备检查、维护，保养记录完整。

（4）其他设备管理：对供水、供电、空调、电梯等设备定期进行巡查、维修，并保养，记录完整。

5. 生产辅助房屋及其设备设施的专项检查包括什么？

答：（1）供暖前应对房屋建筑采暖设施的完好性和安全性进行检查。

（2）汛前应对屋面及室外排水设施等进行检查，应进行防雷装置检查。

（3）恶劣天气前后应对重要的房屋建筑设备的运行情况进行检查。

（4）重大接待前或其他事件时，应对电梯、接待用会议室及设备等进行检查。

（5）配合生产部门进行的检查。

（6）其他需要进行专项检查的情况。

第四章

后勤工程项目安全管理

一、单选题

1.“安全第一、预防为主、综合治理”是安全生产的（D）。

A. 原则　　B. 政策
C. 思路　　D. 方针

2. 后勤工程项目安全管理应贯彻（B）的理念。

A. 安全第一，预防为主　　B. 以人为本，安全至上
C. 以人为本，持续改进　　D. 安全第一，环境优先

3.（C）负责对对后勤工程项目的招投标和物资采购环节进行监督。

A. 财务部　　B. 审计部
C. 物资部　　D. 建设部

4. 后勤工作部负责组织开展后勤工程项目安全标准化、安全风险防控、（B）、安全检查工作。

A. 安全操作规程　　B. 安全教育培训
C. 安全事故分析　　D. 安全风险辨识

5. 施工单位负责工程项目施工安全管理工作，按规定配备（A）安全管理人员，履行施工合同及安全协议中承诺的安全责任。

A. 专职　　B. 兼职
C. 专责　　D. 专职或兼职

6. 按国家规定，对危险性较大的（A）工程应当按照规定编制专项施工方案；达到国家规定规模标准的，专项施工方案应经专家论证通过后方可实施。

A. 分部分项　　B. 分部
C. 施工　　D. 作业

7. 施工方案、安全技术措施交底过程中，（B）人员必须参加，并按规定在

交底书上签字确认。

A. 部分作业　　B. 全体作业
C. 有关作业　　D. 危险作业

8. 施工单位是分包安全管理工作的责任主体，应在施工专业分包合同中明确本工程分包工作内容，在工程分包项目开工前，应与分包商签订规范的分包合同及（A）。

A. 安全协议　　B. 安全承诺书
C. 分包协议　　D. 目标责任书

9. 建设管理单位按照合同约定和安全文明施工标准化需要，向施工企业及时支付（B）。

A. 劳动保护费　　B. 安全文明施工费
C. 防暑降温费　　D. 措施费

10. 施工项目部是工程项目安全文明施工的（B），负责贯彻落实安全文明施工管理要求，按规定使用安全文明施工费，配置满足现场安全文明施工需要的设施。

A. 管理部门　　B. 责任主体
C. 管理主体　　D. 监督部门

11. 工程现场的职业健康设施和卫生条件应符合国家现行相关法律、法规和国网北京市电力公司现行的（C）管理制度。

A. 劳动保护　　B. 现场安全
C. 职业健康　　D. 施工安全

12. 施工企业严禁安排有职业禁忌症的员工从事相关禁忌作业。对从事可能危害身体健康的危险性作业的员工进行专门的（B）培训，确保掌握操作规程、职业健康风险防范措施和事故应急处置措施。

A. 技能　　B. 安全防护知识

C. 技术　　D. 施工技术

13. 后勤工程项目安委会应建立安全工作例行会议机制，在工程开工前召开第一次会议，以后每季度至少召开（A）安委会会议，检查安全工作的落实情况，研究解决工程项目存在的安全问题，会议由安委会主任主持或委托常务副主任主持。

A. 一次　　B. 二次
C. 三次　　D. 四次

14. 作业层班组（B）开展一次安全活动，检查总结、安排布置安全工作。

A. 每天　　B. 每周
C. 每月　　D. 每年

15. 监理、施工单位应每年至少（A）对所有从业人员进行安全培训；施工单位督促检查分包商人员的安全教育培训，对劳务分包人员要建立专项教育名册，按照与本单位员工相同的要求开展培训。

A. 一次　　B. 二次
C. 三次　　D. 四次

16. 施工单位主要负责人、项目经理、专职安全管理人员、特种作业人员必须按照国家有关规定（A）后，方可上岗工作。

A. 培训取证　　B. 培训
C. 取证　　D. 审核

17. 高处作业是指在坠落高度基准面（A）m 及以上有可能坠落的高处进行的作业。

A. 2　　B. 3
C. 4　　D. 5

18. 后勤工程项目施工场所设置的安全标志可分为（A）类。

A. 2　　B. 3

C. 4　　D. 5

19.（C）属于特定类型标志。

A. 禁止标志　　B. 警告标志
C. 道路交通标志　　D. 指令标志

20. 安全标志一般使用相应的通用图形标志和（B）的组合标志。

A. 文字标志　　B. 文字辅助标志
C. 名称　　D. 名称辅助标志

21. 安全标志所用的图形符号、几何形状、文字，标志牌的材质、表面质量、衬边及型号选用、设置高度、使用要求应符合（D）的规定。

A.《中华人民共和国消防法》
B. GB 13495《消防安全标志》
C.《餐饮服务食品安全监督管理办法》（卫生部令第 71 号）
D. GB 2894《安全标志及其使用导则》

22. 各种焊接场所应张贴的警告标志为（D）。

A. 

B. 

C. 

D. 

23. 后勤工程项目的安全等级分为（B）类。

A. 2　　B. 3

C. 4　　D. 5

24. 下列关于超过一定规模的危大工程说法正确的是（C）。

A. 开挖深度超过 3m（含 3m）的基坑（槽）的土方开挖、支护、降水工程
B. 采用非常规起重设备、方法，且单件起吊质量在 10kN 及以上的起重吊装工程
C. 搭设高度 50m 及以上的落地式钢管脚手架工程
D. 搭设高度 5m 及以上，或搭设跨度 10m 及以上混凝土模板支撑工程

25. 下列关于危大工程说法正确的是（C）。

A. 开挖深度超过 5m（含 5m）的基坑（槽）的土方开挖、支护、降水工程
B. 采用非常规起重设备、方法，且单件起吊质量在 100kN 及以上的起重吊装工程
C. 搭设高度 24m 及以上的落地式钢管脚手架工程（包括采光井、电梯井脚手架）
D. 施工高度 50m 及以上的建筑幕墙安装工程

26. 后勤工作部应建立健全后勤工程项目安全管理体系，配备（B）专职人员。

A. 技术管理　　B. 安全管理
C. 施工管理　　D. 资料管理

27. 后勤工程项目安全管理工作分为（B）个阶段。

A. 2　　B. 3
C. 4　　D. 5

28. 工程前期安全管理包括（C）个部分。

A. 2　　B. 3
C. 4　　D. 5

29. 项目可行性研究报告是（A）阶段重要的决策性文件。

A. 项目前期投资　　B. 工程施工
C. 竣工评价　　D. 工程设计

30.（D）不属于职业卫生和环境保护规定的“三废”。

A. 废弃物　　B. 废水
C. 废气　　D. 废铁

31. 施工企业应制定（B）方案，针对冬季、雨季、高温季节、雷电、台风气候特点及野外作业等，采取防洪水、防泥石流、防雷电、防台风、防冻伤、防滑跌、防暑降温、消毒防疫、防野外动物攻击等措施，改善现场作业条件和生活环境，预防职业健康危害和群体性疫情发生。

A. 现场施工　　B. 季节性施工
C. 安全　　D. 技术

32. 下列关于安全技术交底不正确的是（D）。

A. 施工负责人在分派生产任务时，应对相关管理人员、施工作业人员进行书面安全技术交底
B. 安全技术交底应按施工工序、施工部位、施工栋号分部分项进行
C. 安全技术交底应结合施工作业场所状况、特点、工序，对危险因素、施工方案、规范标准、操作规程和应急措施进行交底
D. 安全技术交底应由交底人、专职安全员进行签字确认

33. 施工单位的非特种作业人员年龄超过（C）周岁（不含）时，入场前由施工单位组织进行身高、体重与血压测量，不合格者禁止入场。

A. 25　　B. 30
C. 35　　D. 40

34. 特种作业员工必须经社区或者县级以上医疗机构体检健康合格，（D）病症，方可入场。

A. 无容易传染的　　B. 无不能治愈的
C. 无慢性　　D. 无妨碍工作的

35. 施工单位所有人员入场前必须参加由项目部组织的（A）测试。

A. 安全基本能力　　B. 安全素质
C. 个人能力　　D. 职业能力

36. 现场出入证包括（C）种。

A. 1　　B. 2
C. 3　　D. 4

37. 现场出入证不包括（C）。

A. 施工现场出入证　　B. 现场临时出入证
C. 办公区域出入证　　D. 办公区临时出入证

38.（C）不是施工人员配备合格的个人防护用品。

A. 安全帽　　B. 工作服
C. 眼镜　　D. 安全带

39. 进行高压验电、挂拆接地、高压电气试验、牵张设备操作时，作业人员应佩戴（C）。

A. 帆布手套　　B. 线手套
C. 绝缘手套　　D. 皮手套

40. 作业时可能产生飞屑、火花、烟雾及刺眼光线等作业人员应带（C）。

A. 口罩　　B. 耳罩
C. 防护眼镜　　D. 防毒面具

41. 安全带的挂钩或绳子应挂在结实牢固的构件或专为挂安全带用的钢丝绳上，并应采用（C）的方式。

A. 低挂低用　　B. 高挂高用
C. 高挂低用　　D. 低挂高用

42. 血液酒精含量超过（B）mg/100mL 的人员不许进入项目现场。

A. 10　　　　B. 20
C. 30　　　　D. 40

43. 下列关于食堂的设置与管理不正确的是（B）。

A. 地点不得设在易受到污染的区域，应距离粪坑、污水池、垃圾场（站）、旱厕等污染源 25m 以上
B. 食堂应设置独立的制作间、储藏间，门扇下方应设不低于 0.1m 的防鼠挡板
C. 食堂应有防蝇、防尘、防鼠及防止其他病媒昆虫的设施
D. 食堂采购及炊事人员必须按《中华人民共和国食品卫生法》的有关规定，持有有效的健康证及卫生知识培训合格证后方可上岗

44. 施工单位的所有施工工器具进场前，必须报监理单位进行安全检查，检查合格后，监理方发对应（B）。

A. 准入证　　　　B. 合格证
C. 使用证　　　　D. 检查证

45. 脚手架外排钢管应刷油漆，颜色为黄黑相间的油漆，间距为（C）mm。

A. 100　　　　B. 200
C. 300　　　　D. 400

46. 一般规模的脚手架工程，（B）须提供脚手架施工方案和其安全措施，监理审批。

A. 承包单位　　　　B. 施工单位
C. 劳务分包单位　　　　D. 施工承包单位

47. 风力超过（C）级应停止在脚手架上作业。

A. 4　　　　B. 5
C. 6　　　　D. 7

48. 脚手架搭设过程中，未完工验收前，应在脚手架明显处悬挂红牌，并

标识（B）字样。

A. 搭设中　　B. 搭设中，禁用
C. 作业中　　D. 作业中，禁用

49. 当塔式起重机起重量大于相应挡位的额定值并小于该额定值的（C）%时，应切断上升方向上的电源，但可作下降方向的运动。

A. 90　　B. 100
C. 110　　D. 120

50. 当塔式起重机顶部高度大于（C）m 且高于周围建筑物时，应安装障碍指示灯。

A. 10　　B. 20
C. 30　　D. 40

51. 小车变幅的塔式起重机应安装断绳保护及（B）。

A. 防抱死保护装置　　B. 断轴保护装置
C. 安全保护装置　　D. 防锈保护装置

52. 各部分电刷，其接触面要保持清洁，使其接触面积不小于（B）%。

A. 30　　B. 50
C. 70　　D. 90

53. 汽车起重机司机、司索工和信号指挥工持有（B）上岗证。

A. 安全　　B. 特种工
C. 机械　　D. 作业

54. 下列关于汽车起重机“十不吊”错误的是（D）。

A. 信号指挥不明不吊　　B. 吊物重量不明或超负荷不吊
C. 吊物上有人不吊　　D. 四级以上强风不吊

55. 物料提升机应安装（A）、防坠安全器，并应灵敏可靠。

A. 起重量限制器　　B. 力矩限制器
C. 起升高度限位器　　D. 变幅限位器

56. 安装高度超过（B）m 的物料提升机应安装渐进式防坠安全器及自动停层、语音影像信号监控装置。

A. 10　　B. 30
C. 50　　D. 70

57. 物料提升机安装高度超过（B）m 的物料提升机必须使用附墙架。

A. 10　　B. 30
C. 50　　D. 70

58. 气瓶间安全距离不应小于 5m，与明火安全全距离不应小于（B）m。

A. 5　　B. 10
C. 15　　D. 20

59. 振捣器操作人员应按规定穿戴（A）、绝缘鞋。

A. 绝缘手套　　B. 手套
C. 防静电服　　D. 防尘口罩

60. 施工单位应建立临时施工用电管理制度，施工现场临时用电设备在 5 台及以上或设备总容量在（B）kW 及以上者，应编制用电措施方案。

A. 30　　B. 50
C. 70　　D. 90

61. 安装、巡检、维修或拆除临时用电设备和线路，必须由（B）完成，并应有人监护。

A. 焊接工　　B. 电工
C. 切割工　　D. 维修工

62. 在施工现场专用变压器供电的 TN-S 接零保护系统中，电气设备的

（A）必须与专用保护零线连接。

A. 金属外壳　　B. 绝缘部分
C. 电机部分　　D. 导电部分

63. 开关箱与其控制的固定式用电设备的水平距离不宜超过（B）m。

A. 1　　B. 3
C. 5　　D. 7

64. 配电柜或配电线路停电维修时，应挂接地线，并应悬挂（A）停电标志牌，停、送电必须由专人负责。

A. 禁止合闸、有人工作　　B. 注意安全
C. 有电作业　　D. 正在工作

65. 施工现场停止作业（A）h 以上时，应将动力开关箱断电上锁。

A. 1　　B. 3
C. 5　　D. 7

66. 施工现场配电线路电缆中必须包含全部工作芯线和用作保护零线或保护线的芯线。需要三相四线制的配电线路必须采用（B）电缆。

A. 六芯　　B. 五芯
C. 四芯　　D. 三芯

67. 建筑高度大于 24m 或单体体积超过（B）m^2 的在建工程，应设置临时消防给水系统。

A. 10000　　B. 30000
C. 50000　　D. 70000

68. 施工现场应设置（C）、临时消防给水系统和应急照明等临时消防设施。

A. 水桶　　B. 消防斧
C. 灭火器　　D. 消防水池

69. 作业场所应设置明显的疏散指示标志，其指示方向应指向（B）的临时疏散通道入口。

A. 最远　　B. 最近
C. 最宽　　D. 最方便

70. 材料、设备放置在围栏或建筑物的墙壁附近时，应留有（A）m 以上的间距。

A. 0.5　　B. 1
C. 1.5　　D. 2

71. 易燃、易爆及有毒有害物品等应分别存放在与普通仓库隔离的危险品仓库内，危险品仓库的库门应（B），按有关规定严格管理。

A. 向内开　　B. 向外开
C. 横拉开　　D. 封闭

72. 钢筋混凝土电杆堆放的地面应平整、坚实，杆段下方应设支垫，两侧应掩牢，堆放高度不得超过（C）层。

A. 1　　B. 2
C. 3　　D. 4

73. 基坑开挖深度超过（D）m 及以上的基坑周边必须安装防护栏杆。

A. 0.5　　B. 1
C. 1.5　　D. 2

74. 二级高处作业的标准是（D）m。

A. $2\text{m} \leqslant h < 5$　　B. $5\text{m} \leqslant h < 10$
C. $10\text{m} \leqslant h < 15$　　D. $5\text{m} \leqslant h < 15$
注：h 为作业高度。

75. 易滑动、易滚动的工具、材料堆放在脚手架上时，应采取（A）措施。

A. 防止坠落　　B. 防火
C. 防滑　　D. 防触电

76. 脚手板上要有（B）措施。

A. 安全　　B. 防滑
C. 防护　　D. 防坠落

77. 施工单位工作区域的围挡由施工单位负责，围挡高度不得低于（C）m。

A. 1.3　　B. 1.5
C. 1.8　　D. 2

78. 每个施工场所设立（B）名门卫人员、24h 轮班值守，对外来人员和进出车辆及所有物资进行登记。

A. 1　　B. 2
C. 3　　D. 4

79. 防护栏杆必须设置稳固牢靠，栏杆下边设置高度不低于（C）mm 的挡脚板。

A. 130　　B. 150
C. 180　　D. 200

80. 电梯井内应每隔两层并最多隔（D）m 设一道安全网。

A. 3　　B. 5
C. 8　　D. 10

81. 楼板面等处边长 25~50cm 的洞口，可用竹、木等作盖板，盖住洞口。盖板须保持四周搁置均衡，并有（B）的措施。

A. 夜间警示　　B. 固定其位置的
C. 其他防护　　D. 声光警示

82. 对高度超过（D）m 的接料平台，应分段悬挑搭设。

A. 10　　B. 14
C. 20　　D. 24

83. 施工现场土方作业应采取洒水、（B）等防止扬尘措施。

A. 压实　　B. 覆盖
C. 固化　　D. 绿化

84. 对暂不施工的场地及停工满（A）个月以上建筑工程，建设单位应对工地内的裸露地面采取绿化，网、膜覆盖等措施，防止扬尘污染。

A. 1　　B. 2
C. 3　　D. 4

85. 安全档案的储存和保管，要有（B）负责，储存的环境应利于保存和检查。

A. 工作人员　　B. 专人
C. 财务部　　D. 项目部

86. 项目验收阶段施工项目部必须完成建设工程设计和合同约定的各项内容并完成（C）级自检。

A. 一　　B. 二
C. 三　　D. 四

87. 年度春（秋）检预试或其他专项工程集中投产的高峰作业期间，各单位领导干部每周应开展不少于（C）次的飞行检查（或到岗到位检查）。

A. 1　　B. 2
C. 3　　D. 4

88. 后勤工程项目安委会每（C）至少组织开展一次安全检查。

A. 周　　B. 月
C. 季度　　D. 年

89.（C）属于复杂安全问题。

A. 发现后可以现场完成整改的安全问题

B. 对可能对后续安全管理工作产生恶劣影响的问题

C. 发现后无法现场完成整改，整改过程需要一定时间（一般不超过两个工作日），问题责任人与整改方法较明确的安全问题

D. 整改过程需要较长时间（通常情况下两个工作日内无法完成的安全问题）

90. 入场安全教育培训（C）分以上为考试通过。

A. 60　　B. 70

C. 80　　D. 90

91. 教育培训与考试过程中的签到、现场拍照、考试记录的整理存档工作由（B）安全管理专责负责。

A. 财务部　　B. 项目部

C. 审计部　　D. 施工单位

92. 企业待岗、转岗、换岗的职工，在重新上岗前，必须接受一次安全培训，时间不得少于（D）学时。

A. 5　　B. 10

C. 15　　D. 20

93.（A）属于特种作业人员。

A. 高处作业人员　　B. 压力容器（含气瓶）操作人员

C. 压力管道作业人员　　D. 电梯作业人员

94.（C）属于特种设备作业人员。

A. 电工作业人员　　B. 焊接与热切割作业人员

C. 起重机械作业人员　　D. 高处作业人员

95. 施工单位每（C）组织员工进行应急救援演练，防汛、抗台等应急预案演练应在汛期之前进行。

A. 周　　B. 月
C. 季度　　D. 年

96. 业主项目部应根据专项应急救援预案，对施工现场易发生（C）的部位、环节进行监控。

A. 事故　　B. 安全事故
C. 重大安全事故　　D. 一般安全事故

97. 现场应急救援队伍在项目（B）的指导下进行现场救援工作。

A. 项目安全部　　B. 应急工作组
C. 业主项目部　　D. 安全管理员

98. 在防范、应对应急事件及处理相关善后事宜时，应采取（C）的后勤应急措施，为应急工作正常有序开展提供后勤保障和服务。

A. 正确、有效、综合　　B. 全面、有效、快速
C. 正确、有效、快速　　D. 专项、有效、快速

99. 应急预案的层次可分为综合预案、（B）、现场预案。

A. 单位预案　　B. 专项预案
C. 个体预案　　D. 部门预案

100. 事故隐患泛指生产系统导致事故发生的（B）。

A. 潜藏着的祸患
B. 人的不安全行为、物的不安全状态和管理上的缺陷
C. 各种危险物品以及管理上的缺陷
D. 人员、机器、环境的危险性

101. 应急管理是一个动态的过程，包括（D）四个阶段。

A. 准备、预防、响应和恢复
B. 准备、响应、恢复和预防
C. 准备、响应、预防和恢复

D. 预防、准备、响应和恢复

102. 发现有人触电，呼吸停止，应采用（C）抢救。

A. 停止
B. 大声呼叫触电者
C. 人工胸外心脏按压法
D. 移动触电者

103. 事故应急预案中，泄漏物控制属于（A）级要素。

A. 应急响应
B. 现场恢复
C. 应急策划
D. 应急准备

104. 生产经营单位应当向从业人员如实告知作业场所和工作岗位存在的（A）防范措施以及事故应急措施。

A. 危险因素
B. 事故隐患
C. 设备缺陷
D. 消防隐患

105. 对触电病人的紧急处理是（B）。

A. 用手扶起病人
B. 立即关闭电源开关或用绝缘物挑开电线
C. 先去打电话通知医院
D. 通知病人家属

106.《国网北京市电力公司应急后勤保障安全工作规范》规定，应急保障期间安保人员每日巡查频次不低于（B）次。

A. 1
B. 2
C. 3
D. 4

107. 通常在重大事故应急预案的（D）中可同时进行事故调查。

A. 应急策划
B. 应急准备
C. 应急响应
D. 现场恢复

108. 应急预案的层次可划分为（A）。

A. 综合预案、专项预案、现场预案
B. 综合预案、前馈预案、具体预案
C. 整体预案、专项预案、现场预案
D. 整体预案、前馈预案、具体预案

109. 重大灾害事故的共性之一是具有（C）。

A. 可预见性
B. 临时性
C. 继发性
D. 不可控性

110. 应急演练的基本任务是检验、评价和（D）应急能力。

A. 保护
B. 论证
C. 协调
D. 保持

111. 后勤专业专项应急预案演练每年不少于（A）次。

A. 1
B. 2
C. 3
D. 4

112. 起重臂及吊件下方应划定作业区，地面应设（C）。

A. 专责监护人
B. 小组负责人
C. 安全监护人
D. 工作负责人

113. 跨越架应设置防（A）措施。

A. 倾覆
B. 触电
C. 碰撞
D. 垮塌

114. 跨越架应经（C）验收合格后方可使用。

A. 建设单位
B. 分包单位
C. 使用单位
D. 设计单位

115. 线盘或线圈展放处，应设专人传递（B）。

A. 指示
B. 信号

C. 命令　　D. 任务

116. 人力放线时，领线人应由（A）担任，并随时注意前后信号。

A. 技工　　B. 技师
C. 专责工　　D. 高级工

117. 人力放线时，通过河流或沟渠时，应由船只或（C）引渡。

A. 绝缘绳　　B. 牵引绳
C. 绳索　　D. 吊绳

118. 紧线过程中（A）不得跨越将离地面的导线或地线。

A. 监护人员　　B. 护线人员
C. 作业人员　　D. 临时人员

119. 高空锚线必须有（C）道保护措施。

A. 三　　B. 四
C. 两　　D. 一

120. 电焊机的外壳应可靠接地，接地电阻不得大于（A）。

A. 4Ω　　B. 6Ω
C. 8Ω　　D. 10Ω

121. 参与国网北京市电力公司系统所承担电气工作的外单位或外来人员应熟悉相关规程，经考试合格，并经（B）认可，方可参加工作。

A. 相关单位分管领导　　B. 设备运维管理单位
C. 安全监督管理部门　　D. 调度控制中心

122. 根据《中华人民共和国突发事件应对法》的规定，突发事件应对工作的原则是（B）。

A. 处置为主、预防为辅　　B. 预防为主、预防与应急相结合
C. 预防为主、处置为辅　　D. 处置与预防并重

123. 根据《中华人民共和国突发事件应对法》的规定，可以预警的自然灾害、事故灾难和公共卫生事件的预警级别分为四级，即一级、二级、三级和四级，分别是（A）颜色标示，一级为最高级。

A. 红、橙、黄、蓝　　B. 红、黄、橙、绿

C. 红、黄、绿、蓝　　D. 黄、红、橙、蓝

二、多选题

1. 安全生产的方针包括（ABC）。

A. 安全第一　　B. 预防为主
C. 综合治理　　D. 以人为本

2. 施工单位负责工程项目施工安全管理工作，包括下列哪些工作内容（ABC）。

A. 组织安全教育培训　　B. 编制施工安全管控措施
C. 及时上报分包安全信息　　D. 作业人员的工资发放

3. 国网北京市电力公司后勤工程项目安全管理目标是（ABCD）。

A. 不发生人身死亡事故
B. 不发生重大火灾事故
C. 不发生较大环境污染事件
D. 不发生其他对公司和社会造成重大影响的事故（事件）

4. 工程开工前，业主项目部组织开展危险源分析，监督检查（AB）危险点辨识及控制措施的具体落实情况。

A. 监理项目部　　B. 施工项目部
C. 业主项目部　　D. 项目安委会

5. 全体作业人员应参加（BC），并按规定在交底书上签字确认。

A. 工作票　　B. 施工方案
C. 安全技术措施交底　　D. 标准作业卡

6. 业主项目部编制后勤工程项目安全总体策划，（BD）安全文明施工要求在工程项目的有效落实。

A. 执行　　B. 监督
C. 检查　　D. 指导

7. 工程现场的（AD）应符合国家现行相关法律、法规和国网北京市电力公司现行的职业健康管理制度。

A. 职业健康设施　　B. 生产条件
C. 环境条件　　D. 卫生条件

8. 安全工作例会每月不得少于一次，可结合工地例会合并召开，参会人员包括（ABC）。

A. 工程项目部　　B. 业主项目部
C. 监理项目部　　D. 施工项目部

9. 施工单位的（ABCD）必须按照国家有关规定培训取证后，方可上岗工作。

A. 项目经理　　B. 专职安全管理人员
C. 特种作业人员　　D. 主要负责人

10. 后勤工程项目安全检查主要包括（ABCD）。

A. 领导干部“飞行检查”　　B. 公司巡查组现场安全巡查
C. 交叉互查　　D. 专项检查

11. 各类安全检查中发现的（ABC）问题，应下发整改通知，限期整改，并对整改结果进行确认，实行闭环管理。

A. 安全隐患　　B. 安全文明施工
C. 环境管理　　D. 技术管理

12. 项目安全管理评价结果是项目安全工作考核依据之一，国网北京市电力公司对管理评价不合格的（AB）进行通报批评，并依据有关制度及合同进行处罚。

A. 项目部　　B. 责任人
C. 财务部　　D. 审计部

13. 业主项目部对现场发生的（AB），监理项目部应签发书面通知并进行处罚，报业主项目部备案。

A. 违章　　B. 未遂事故（事件）
C. 施工进度　　D. 安全文明施工

14.（BCD）属于基本类型标志。

A. 道路交通标志　　B. 警告标志
C. 禁止标志　　D. 指令标志

15. 工程项目的安全等级划分包括（ABC）。

A. 一定规模的危大工程　　B. 危大工程
C. 一般工程　　D. 基础工程

16.（ABD）属于危大工程。

A. 开挖深度超过 3m（含 3m）的基坑（槽）的土方开挖、支护、降水工程
B. 采用非常规起重设备、方法，且单件起吊质量在 10kN 及以上的起重吊装工程
C. 搭设高度 50m 及以上的落地式钢管脚手架工程
D. 搭设高度 5m 及以上，或搭设跨度 10m 及以上混凝土模板支撑工程

17.（ABD）属于超过一定规模的危大工程。

A. 开挖深度超过 5m（含 5m）的基坑（槽）的土方开挖、支护、降水工程
B. 采用非常规起重设备、方法，且单件起吊质量在 100kN 及以上的起重吊装工程
C. 搭设高度 24m 及以上的落地式钢管脚手架工程（包括采光井、电梯井脚手架）
D. 施工高度 50m 及以上的建筑幕墙安装工程

18.（ABC）需要配备专门的安全管理对接人员。

A. 施工单位　　B. 设计单位
C. 审计单位　　D. 监理单位

19.（C）不是业主项目部的职责。

A. 组织工程竣工预验收和安全评定工作

B. 参加上级组织的定期或随机的安全专项检查工作；参加工程安全事故的调查

C. 施工现场设计安全问题的指导解决

D. 对项目建设全过程安全管理工作负责

20.（C）不是施工单位负责的职责。

A. 协助项目自评报告编制

B. 本单位工程应急预案编制、上报

C. 工程施工、结算、决算阶段项目资金安全审计工作

D. 组建现场应急救援队伍

21. 后勤工程项目安全管理工作包括（ACD）阶段。

A. 工程前期　　B. 工程设计

C. 工程施工　　D. 竣工评价

22. 工程前期安全管理包括（ABCD）。

A. 项目可行性研究　　B. 项目设计

C. 安全管理体系　　D. 开工核查

23. 设计单位的安全管理主要为（ABC）、施工图会审以及施工现场设计安全问题的解决。

A. 初步设计审批　　B. 设计交底

C. 设计文件的安全检查　　D. 设计初步检查

24. 建设项目安全委员会工作内容包括（ABC）。

A. 贯彻上级有关安全工作的指示，决定工程建设中安全施工管理的重大措施

B. 通过并发布现场各承包商必须遵守的、统一的安全健康与环境工作规定

C. 决定工程中重大安全文明施工问题的解决议案

D. 负责工程施工、结算、决算阶段项目资金安全审计工作

25. 下列关于安全技术交底正确的是（ABC）。

A. 施工负责人在分派生产任务时，应对相关管理人员、施工作业人员进行书面安全技术交底

B. 安全技术交底应按施工工序、施工部位、施工栋号分部分项进行

C. 安全技术交底应结合施工作业场所状况、特点、工序，对危险因素、施工方案、规范标准、操作规程和应急措施进行交底

D. 安全技术交底应由交底人、专职安全员进行签字确认

26. 施工单位的非特种作业人员年龄超过 35 周岁（不含）时，入场前由施工单位组织进行（ABC）测量，不合格者禁止入场。

A. 身高　　B. 体重

C. 血压　　D. 血糖

27. 特种作业员工患有（BCD），不可进入工作现场。

A. 感冒　　B. 器质性心脏病

C. 眩晕症　　D. 美尼尔氏症

28. 现场出入证包括（ABD）。

A. 施工现场出入证　　B. 现场临时出入证

C. 办公区域出入证　　D. 办公区临时出入证

29. 个人防护用具包括（ABCD）。

A. 个人穿戴防护用具　　B. 高处作业防护用品

C. 有限空间作业防护用品　　D. 其他

30.（ABC）不是施工人员配备合格的个人防护用品。

A. 安全帽　　B. 工作服

C. 安全带　　D. 眼镜

31. 食堂的设置应满足（BCD）要求。

A. 地点不得设在易受到污染的区域，应距离粪坑、污水池、垃圾场（站）、旱厕等污染源 20m 以上，并有给水、排水条件

B. 食堂内各地面应平整、不积水、无裂缝

C. 食堂应有防蝇、防尘、防鼠及防止其他病媒昆虫的设施

D. 食堂应设置独立的制作间、储藏间，门扇下方应设不低于 0.2m 的防鼠挡板

32. 宿舍的设置应满足（AC）要求。

A. 室内净高不得小于 2.5m

B. 通道宽度不得小于 0.8m

C. 宿舍人员人均面积不得小于 $2.5m^2$

D. 每间宿舍居住人员不得超过 17 人

33. 厕所的设置应满足（BD）要求。

A. 厕所应设置在离食堂 20m 以外

B. 施工现场应设置水冲式或移动式厕所，并备有对应标志

C. 安排专人负责管理和保洁，每日清扫冲洗不得少于一次

D. 厕所门窗应齐全并通风良好，侧位宜设置门及隔板，高度不应小于 0.9m

34.（ABCD）属于脚手架安全管埋模块。

A. 配料

B. 配件

C. 施工方案

D. 脚手架搭设

35.（ABC）符合塔式起重机保护装置。

A. 小车变幅的塔式起重机应安装断绳保护及断轴保护装置，并应符合规范要求

B. 行走及小车变幅的轨道行程末端应安装缓冲器及止挡装置，并应符合规范要求

C. 起重臂根部绞点高度大于 50m 的塔式起重机应安装风速仪，并应灵敏可靠

D. 当塔式起重机顶部高度大于 20m 且高于周围建筑物时，应安装障碍指示灯

36. 以下对汽车起重机描述正确的是（ABCD）。

A. 起重或吊物重量不明不挂
B. 重心位置不清楚不挂
C. 尖棱利角和易滑工件无衬垫物不挂
D. 包装松散捆绑不良不挂

37.（ABD）符合物料提升机的安全管理标准。

A. 应安装起重量限制器、防坠安全器，并应灵敏、可靠
B. 安全停层装置应符合规范要求，并应定型化
C. 应安装上行程限位并灵敏可靠，安全越程不应小于 2m
D. 安装高度超过 30m 的物料提升机应安装渐进式防坠安全器及自动停层、语音影像信号监控装置

38.（ABCD）符合物料提升机附墙架与缆风绳模块的安全管理标准。

A. 附墙架结构、材质、间距符合产品说明书要求
B. 附墙架应与建筑结构可靠连接
C. 安装高度超过 30m 的物料提升机必须使用附墙架
D. 地锚设置符合规范要求

39.（ABD）符合物料提升机钢丝绳模块的安全管理标准。

A. 钢丝绳磨损、断丝、变形、锈蚀量在规范允许范围内
B. 钢丝绳夹设置符合规范要求
C. 当吊笼处于最低位置时，卷筒上钢丝绳少于 2 圈
D. 钢丝绳设置过路保护措施

40.（ACD）符合气瓶的安全管理标准。

A. 气瓶使用时安装减压器，乙炔瓶安装回火防止器，并应灵敏可靠
B. 气瓶间安全距离不应小于 3m，与明火安全距离不应小于 10m
C. 气瓶设置防震圈、防护帽
D. 氧气乙炔等气瓶符合 GB 10879《溶解乙炔气瓶阀》、GB 11638《溶解乙

炔气瓶》要求

41. 施工现场临时用电设备编制用电措施方案的条件是（BD）。

A. 临时用电设备在 3 台及以上
B. 临时用电设备在 5 台及以上
C. 设备总容量在 30kW 及以上
D. 设备总容量在 50kW 及以上

42. 安装、巡检、维修或拆除临时用电设备和线路，必须由电工完成，电工应配备（AC）。

A. 专业电气工具
B. 手套
C. 绝缘鞋
D. 眼镜

43. 配电室应靠近电源，并应设在（ABCD）、无易燃易爆物及道路畅通的地方。

A. 无灰尘
B. 潮气少
C. 振动小
D. 无腐蚀介质

44. 使用行灯应符合（BCD）要求。

A. 电源电压不大于 40V
B. 灯体与手柄应坚固、绝缘良好并耐热耐潮湿
C. 灯头与灯体结合牢固，灯头无开关
D. 灯泡外部有金属保护网

45. 五芯电缆必须包含淡蓝、绿 / 黄两种颜色绝缘芯线，（AC）是正确的。

A. 淡蓝色芯线用作 N 线
B. 淡蓝色芯线用作 PE 线
C. 绿 / 黄双色芯线用作 PE 线
D. 绿 / 黄双色芯线用作 N 线

46. 施工现场消防安全工作分为（AB）。

A. 在建工程防火　　B. 临时用房防火
C. 可燃材料防火　　D. 加工场防火

47. 施工现场应设置的临时消防设施包括（ABC）。

A. 灭火器　　B. 临时消防给水系统
C. 应急照明　　D. 防火卷帘

48. 堆放场地应平坦、不积水，地基应坚实。应设置支垫，并做好（AB）措施。

A. 防潮　　B. 防火
C. 防坠落　　D. 防坍塌

49. 关于器材和电子设备的堆放（ABC）是正确的。

A. 钢管堆放的两侧应设立柱，堆放高度不宜超过 1m，层间可加垫
B. 袋装水泥堆放的地面应垫平，架空垫起不小于 0.3m，堆放高度不宜超过 10 包
C. 线盘放置的地面应平整、坚实，滚动方向前后均应掩牢
D. 绝缘子应包装完好，堆放高度不宜超过 3m

50. 动火作业包括（ABC）。

A. 特殊动火作业　　B. 一级动火作业
C. 二级动火作业　　D. 三级动火作业

51.（AC）符合动火现场环境。

A. 动火期间距动火点 30m 内不得排放各类可燃气体
B. 动火期间距动火点 50m 内不得排放各类可燃气体
C. 不得在动火点 10m 范围内及用火点下方同时进行可燃溶剂清洗或喷漆等作业
D. 不得在动火点 20m 范围内及用火点下方同时进行可燃溶剂清洗或喷漆等作业

52. 关于高处作业的分级下列哪项是正确的（BCD）。

A. 在 1m ≤ h < 5m 时，称为一级高处作业
B. 在 5m ≤ h < 15m 时，称为二级高处作业
C. 在 15m ≤ h < 30m 时，称为三级高处作业
D. 在 h ≥ 30m 以上时，称为特级高处作业

53. 施工工地应做到（ABCD）。

A. 现场封闭管理百分之百
B. 场区道路硬化百分之百
C. 渣土物料覆盖百分之百
D. 洒水清扫保洁百分之百

54.（ABD）符合施工现场的生活区域要求。

A. 板房夹板材料为防火岩棉，按规定配备灭火器材
B. 布线走线按业主项目部规划执行，不得随意搭设
C. 宿舍照明用电必须使用 40V 及以下电压
D. 宿舍、食堂保持卫生整洁，禁止吸烟

55.（ABC）符合临边防护安全管理要求。

A. 防护栏杆应由上下两道横杆及栏杆柱组成，上杆离地高度为 1.2m，下杆离地高度为 0.6m

B. 防护栏杆必须设置稳固牢靠，栏杆下边设置高度不低于 180mm 的挡脚板

C. 当临边外侧临街道时，除设置防护栏杆外，敞口立面必须采取满挂密目安全网作全封闭处理

D. 防护栏杆表面刷红白各宽 300mm 相间警戒色

56.（ABC）符合洞口防护安全管理要求。

A. 电梯井内应每隔两层并最多隔 10m 设一道安全网

B. 楼板、屋面边长在 150cm 以上的洞口，四周设防护栏杆，洞口下张设安全平网；楼板、屋面和平台等面上短边尺寸小于 25cm 但大于 2.5cm 的孔口，必须用坚实的木盖板盖严

C. 边长在 150cm 以上的洞口，四周设防护栏杆，洞口下张设安全平网

D. 电梯井内水平防护每两结构层且不大于 5m 应搭设一道硬质隔断

57. 施工组织设计中应有防止（ABCD）污染环境的有效措施。

A. 扬尘　　B. 噪声
C. 固体废物　　D. 废水

58. 裸露的场地和集中堆放的土方应采取（BCD）等措施。

A. 压实　　B. 覆盖
C. 固化　　D. 绿化

59.（ACD）符合噪声控制标准。

A. 施工场界环境噪声排放标准不应超过 70dB（A）
B. 施工场界环境噪声排放标准不应超过 80dB（A）
C. 施工过程宜使用低噪声、低振动的施工机械设备
D. 施工车辆进出现场，不宜鸣笛

60. 施工项目部应在完成合同约定的全部工程内容并通过竣工验收后 28 天内向（AB）递交工程竣工结算书及完整的结算资料。

A. 监理项目部　　B. 业主项目部
C. 财务部　　D. 施工单位

61. 施工项目部完成所有问题的整改后，由业主项目部组织勘察（ABC）共同进行。

A. 设计单位　　B. 业主项目部
C. 施工项目部　　D. 施工单位

62. 业主项目部应重点查验建筑（ABC）是否满足要求。

A. 施工质量　　B. 观感质量
C. 使用功能　　D. 使用用途

63. 关于“四不两直”正确的是（ABCD）。

A. 不发通知　　B. 不打招呼

C. 不听汇报　　D. 直奔基层

64. 关于专项安全检查正确的是（BCD）。

A. 国网北京市电力公司每年组织不少于一次后勤工程项目安全检查

B. 监理、施工企业每季度至少开展一次专项安全检查

C. 后勤工程项目安委会每季度至少组织开展一次安全检查

D. 业主项目部组织监理、施工项目部每月至少进行一次安全检查

65. 安全问题的分类包括（ABC）。

A. 一般安全问题　　B. 复杂安全问题

C. 严重安全问题　　D. 其他安全问题

66. 项目部安全管理专责负责在施工单位人员入场前开展对施工单位人员的安全教育，教育内容主要为（ABCD）。

A. 项目现场可能存在的安全风险

B. 重点安全注意事项

C. 安全防范措施

D. 事故应急措施

67. 关于安全教育正确的是（ABC）。

A. 特殊工种每年安全培训不少于 20 学时

B. 企业其他职工每年接受安全培训的时间不得少于 15 学时

C. 转岗职工，在新上岗前，安全教育不得少于 20 学时

D. 电工每年安全培训不少于 15 学时

68. 特种设备作业人员包括（ABCD）。

A. 压力容器（含气瓶）操作人员

B. 压力管道作业人员

C. 电梯作业人员

D. 起重机械作业人员

69. 项目应急工作组与（ABC）共同参与应急演练。

A. 业主项目部　　B. 监理单位
C. 施工单位　　D. 设计单位

70.《国网北京市电力公司应急后勤保障安全工作规范》中规定，应急后勤保障安全组织结构建立原则是（ABCD）。

A. 应急后勤保障安全需建立分工明确的后勤安全保障体系
B. 应急后勤保障组织结构应做到职责清晰
C. 应急后勤保障安全体系应涵盖所有后勤保障专业
D. 应急后勤保障安全体系可根据实际情况进行组织结构的合并、拆分与整合

71. 根据《国网北京市电力公司应急后勤保障安全工作规范》规定，应急后勤保障安全组织结构包括（ABCD）。

A. 领导小组　　B. 各专业工作组
C. 领导小组办公室　　D. 总指挥部

72. 后勤保障安全培训与演练一般包括下列（ABCD）。

A. 安保反恐、消防、交通等应急事件的培训与演练
B. 消防、防汛等器材使用的培训与演练
C. 提前踏勘保障路线，模拟演练各类车辆应急事件处置
D. 现场紧急救护知识（包含触电急救及心肺复苏等）

73. 后勤保障安全培训方式包括（ABC）。

A. 面授讲课　　B. 视频讲课
C. 派发讲义　　D. 应急知识考核

74. 各专业工作组应对培训与演练情况进行及时（ABCD），并向领导小组办公室报告相关情况。

A. 调查　　B. 收集
C. 分析与评估　　D. 总结经验教训

75. 应提前收集应急后勤保障可能发生危险事故的（ABCD）。

A. 预警信息　　B. 事件类型
C. 事件发生地　　D. 各单位后勤物资储备情况

76. 关于医疗保障安全方面，应满足（ABCD）要求。

A. 应急医院应选取具备急救条件的县级及以上医疗机构承担
B. 医疗废弃物应遵循《医疗废物管理条例》（国务院令第 380 号）进行妥善处理
C. 在保障前应按照相关要求配置相关医护药品
D. 应及时了解应急点可能发生的传染病的相关预防知识

77. 关于物业保障安全方面，应满足（ABCD）要求。

A. 应明确值守人员及对应管理人员值班信息
B. 组织相关人员实施安防、消防设施的隐患专项排查一次
C. 严格车辆、人员、物品进出管控
D. 保证 24h 电话接听并做好记录

78. 进行应急保障安全监督检查时，内容包括（ABCD）。

A. 食品采购、仓储、加工、运输等各个环节应安全卫生、流程合规、满足要求
B. 住宿地点、设备设施、环境卫生应安全合规
C. 车辆配置、通行、隐患排查、保养维修、物资配置应符合安全要求
D. 应急医院资质应符合标准，医疗用品应配置齐全、保证使用安全

79. 根据《国网北京市电力公司后勤专业应急预案编制导则》规定，应急预案编制程序包括（ABCD）。

A. 成立应急预案编制工作组　　B. 资料收集
C. 风险及应急能力评估　　D. 应急预案编制、评审

80.《国网北京市电力公司后勤专业应急预案编制导则》中规定，应急能力应从（ABC）方面进行评估。

A. 组织
B. 救援队伍
C. 应急物资与装备
D. 突发事件危险

81. 专项应急预案主要包括（ABCD）。

A. 危险性分析
B. 应急组织机构与职责
C. 应急处置程序
D. 应急措施

82. 配电站、开闭所户外高压配电线路、设备的裸露部分在跨越人行过道或作业区时，若 10、20kV 导电部分对地高度分别小于（CD）m，则该裸露部分底部和两侧应装设护网。

A. 2.5
B. 2.6
C. 2.7
D. 2.8

83. 经常有人工作的场所及施工车辆上宜配备急救箱，存放急救用品，并应指定专人经常（ACD）。

A. 检查
B. 清理
C. 补充
D. 更换

84. 检修作业，若需将盖板取下，应（ABD）。

A. 设临时围栏
B. 设置警示标识
C. 夜间还应设黄灯示警
D. 夜间还应设红灯示警

85. 运用中的配电线路和设备是指（ABC）的配电线路和设备。

A. 全部带有电压
B. 一部分带有电压
C. 一经操作即带有电压
D. 已安装完毕

86. 下列关于使用风动工具说法正确的是（ABD）。

A. 风动工具的软管应和工具连接牢固
B. 风动工具的软管连接前应把软管吹净
C. 使用时应戴绝缘手套和护目眼镜
D. 只有在停止送风时才可拆装软管

三、判断题

1. “安全第一、预防为主、综合治理”是安全生产的方针。(√)

2. 国网北京市电力公司后勤工程项目安全管理应贯彻“以人为本、安全至上”的理念。(√)

3. 国网北京市电力公司后勤工作部安全管理职责包括组织开展后勤工程项目安全标准化、安全风险防控、安全教育培训、安全检查等工作。(√)

4. 国网北京市电力公司审计部负责对后勤工程项目计划执行情况进行监督。(×)

5. 业主项目部负责所属后勤工程项目安全风险及应急管理，监督、检查工程项目关键工序及作业风险识别、评估、预控措施和应急处置方案等工作落实情况。(√)

6. 监理项目部负责项目监理人员的现场安全培训和教育，保证配备的安全防护用品和检测、计量设备的正确使用和日常维护。(√)

7. 不发生较大环境污染事件是国网北京市电力公司后勤工程项目安全管理的目标。(√)

8. 国网北京市电力公司每月对后勤工程项目安全工作状况进行分析、评估，督促指导风险管理工作的开展。(×)

9. 危险性较大的分部分项工程应当按照规定编制专项施工方案；达到国家规定规模标准的，专项施工方案应经专家论证通过后方可实施。(√)

10. 全体作业人员应参加施工方案、安全技术措施交底，并按规定在安全承诺书上签字确认。(×)

11. 建设管理单位应在招标文件中明确可以分包的工作范围和分包安全管理要求。(√)

12. 分包内容和方式应遵循国家有关法律法规要求，专业分包、劳务分包应严格履行审批手续。禁止转包或违规分包。(√)

13. 建设管理单位按照合同约定和安全文明施工需要，向施工单位及时支付安全文明施工费。(√)

14. 监理项目部应当核验施工单位资质、安全生产许可证和特种作业人员资格证书。(√)

15. 监理项目部负责贯彻落实安全文明施工管理要求，按规定使用安全文明施工费，配置满足现场安全文明施工需要的设施。(×)

16. 进入施工现场的管理人员和施工作业人员应当达到岗位管理和技能操作的要求，按照规定持证上岗。(√)

17. 工程现场的职业健康设施和生产条件应符合国家现行相关法律、法规和国网北京市电力公司现行的职业健康管理制度。(×)

18. 后勤工程项目安委会应建立安全工作例行会议机制，在工程开工前召开第一次会议，以后每月度至少召开一次安委会会议。(×)

19. 作业层班组每周开展一次安全活动，检查总结、安排布置安全工作。(√)

20. 监理、施工单位应每年至少一次对所有从业人员进行安全培训。(√)

21. 施工单位对新录用人员应进行不少于 30 个课时的三级安全教育培训，经考试合格后方可上岗工作。(×)

22. 施工单位主要负责人、项目经理、专职安全管理人员、特种作业人员必须按照国家有关规定培训后，方可上岗工作。(×)

23. 后勤工程项目安全检查主要包括领导干部和管理人员“飞行检查”，国网北京市电力公司巡检组、各单位巡检组的现场安全巡检、交叉互查和其他形式的专项安全检查。(√)

24. 安全检查主要检查施工现场环境安全、施工安全措施、班前会内容和执行情况及重要部位危险点风险控制等内容。(√)

25. 电网小型基建项目、生产辅助技改项目、生产辅助大修项目、生产辅助修理项目都属于后勤工程项目。(√)

26. 危险性较大的分部分项工程是指房屋建筑和市政基础设施工程在施工过程中，容易导致人员群死群伤或者造成重大经济损失的分部分项工程。(√)

27. 高处作业是指在坠落高度基准面 3m 及以上有可能坠落的高处进行的作业。(×)

28. 后勤工程项目施工场所设置的安全标志包括禁止标志、警告标志、指令标志、提示标志四种基本类型和消防安全标志、道路交通标志等特定类型。(√)

29. 安全标志一般使用相应的通用图形标志和文字辅助标志的组合标志。(√)

30. 开挖深度超过 5m 的基坑的土方开挖、支护、降水工程属于危大工程。(×)

31. 国网北京市电力公司后勤工作部组织开展后勤工程项目安全管理监督、

检查、考核与评价工作。（√）

32. 业主项目部负责项目全过程全周期的安全监督、管控工作，由项目经理单独执行。（×）

33. 项目经理担任项目应急工作组组长，负责应急预案审批、安全事故处理上报等应急管理工作。（√）

34. 设计单位负责本单位安全档案收集、整理、上报工作。（√）

35. 监理单位是安全管理的直接执行者，负责监督控制施工单位做好现场安全工作。（√）

36. 审计单位是安全工作的操作主体，负责对施工安全中的各种不安全情况的预防、实施监控和处理。（×）

37. 后勤工程项目安全管理工作分为工程前期、工程施工、竣工评价三个阶段。（√）

38. 监理单位负责组织各参建单位建立和健全安全监察机构，保证三级安全监督网的监控作用。（×）

39. 建设单位负责查验施工项目部的整改结果。（×）

40. 发生安全事故后，施工项目部应立即启动应急预案，即时报告业主项目部、监理项目部，并派专人严格保护现场。（√）

41. 审计单位通过对施工阶段进度款、现场签证、索赔费用审核，进行项目资金安全管理。（√）

42. 个人防护用品分为个人穿戴防护用品、高处作业防护用品、有限空间作业防护用品三类。（×）

43. 施工单位负责工程竣工验收的组织和管理，业主项目部负责施工现场收尾工作的安全管理。（×）

44. 工程前期安全管理分为项目可行性研究、项目设计、安全管理体系和开工核查四部分。（√）

45. 小型基建项目建设单位应委托具有资质的咨询单位编制项目可行性研究报告。（√）

46. 生产辅助技改、大修项目建设单位应委托具有资质的设计单位编制项目可行性研究报告。（√）

47. 施工单位的非特种作业人员年龄超过 30 周岁（不含）时，入场前由施工单位组织进行身高、体重与血压测量，不合格者禁止入场。（×）

48. 现场出入证一般包括两种：施工现场出入证和现场临时出入证。(×)

49. 个人防护用品分为个人穿戴防护用品、高处作业防护用品、有限空间作业防护用品和其他四类。(×)

50. 除焊工等有特殊着装要求的工种外，同一单位在同一施工现场的员工应统一着装。(√)

51. 临时进入现场的参观、检查等人员可不佩戴胸卡。(×)

52. 操作车床、钻床、铣床、砂轮机，以及靠近机械转动部分时，可佩带劳保手套。(×)

53. 所有杆件与扣件，在拆除时应分离，不允许杆件上附着扣件输送地面或两杆同时拆除输送地面。(√)

54. 当塔式起重机起重量大于相应挡位的额定值并小于该额定值的 110% 时，应切断上升方向上的电源，但可作下降方向的运动。(√)

55. 塔式起重机司机要正确合理操作，做到“四懂三会”。即懂性能、懂构造、懂原理、懂用途，会操作、会保养、会排除故障。(√)

56. 塔式起重机工作 1000h 后，对机械、电器进行小修。塔式起重机工作 4000h 后，对机械、电器进行中修。塔式起重机工作 8000h 后，对机械、电器进行大修。(√)

57. 塔式起重机各部分电刷，其接触面要保持清洁，使其接触面积不小于 60%。各控制箱、配电箱等经常保持清洁，及时清扫电器设备上的灰尘。(×)

58. 每年测量保护接地电阻两次（春秋），保证不大于 4Ω。(√)

59. 物料提升机的安全管理分为安全装置、防护设施、附墙架与缆风绳、钢丝绳以及安拆、验收与使用五个模块。(√)

60. 电焊机一次线长度不得超过 6m，并应穿管保护。(×)

61. 在 TN 接零保护系统中，PE 零线应单独敷设。重复接地线必须与 PE 线相连接，严禁与 N 线相连接 (√)

62. 施工现场内所有防雷装置的冲击接地电阻不得大于 30Ω。(√)

63. 配电室应靠近电源，并应设在无灰尘、潮气少、振动小、无腐蚀介质、无易燃易爆物及道路畅通的地方。(√)

64. 开关箱与其控制的固定式用电设备的水平距离不宜超过 3m。(√)

65. 施工现场停止作业半小时以上时，应将动力开关箱断电上锁。(×)

66. 五芯电缆必须包含淡蓝、绿 / 黄两种颜色绝缘芯线，淡蓝色芯线必须用

作 PE 线；绿 / 黄双色芯线必须用作 N 线，严禁混用。（ × ）

67. 在建工程的易燃易爆危险品存放场所及使用场所，动火作业场所，可燃材料存放、加工及使用场所，发电机房，变配电房，厨房操作间，锅炉房以及宿舍、办公用房等处，灭火器配置数量不应少于 2 具。（√）

68. 建筑高度大于 24m 或单体体积超过 25000m^2 的在建工程，应设置临时消防给水系统。（ × ）

69. 焊接、切割、烘烤或加热等动火作业前，应对作业现场的可燃物进行清理；作业现场及其附近无法移走的可燃物应采用不燃材料对其覆盖或隔离。（√）

70. 氧气瓶与乙炔瓶的工作间距不应小于 2m，气瓶与明火作业点的距离不应小于 5m。（ × ）

71. 宿舍、办公用房可与厨房操作间、锅炉房、变配电房等组合建造。（ × ）

72. 会议室、文化娱乐室等人员密集的房间应设置在临时用房的第一层，其疏散门应向疏散方向开启。（√）

73. 易燃、易爆及有毒有害物品等应分别存放在与普通仓库隔离的危险品仓库内，危险品仓库的库门应向外开。（√）

74. 钢筋混凝土电杆堆放的地面应平整、坚实，杆段下方应设支垫，两侧应掩牢，堆放高度不得超过 2 层。（ × ）

75. 绝缘子应包装完好，堆放高度不宜超过 2m。（√）

76. 材料箱、筒横卧不超过 3 层、立放不超过 2 层，层间应加垫，两边设立柱。（√）

77. 袋装材料堆高不超过 1m，堆放整齐、稳固。（ × ）

78. 瓷质材料拆箱后，应单层排列整齐，不得堆放，并采取防碰措施。（√）

79. 施工技术方法安全管理分为基坑工程作业、模板工程作业、动火作业、高处作业、有限空间作业和交叉作业六个模块。（√）

80. 人工开挖的狭窄基槽，开挖深度较大并存在边坡塌方危险时，应采取支护措施。（√）

81. 当采用机械拆除时，施工荷载应小于支撑结构承载能力。（ × ）

82. 特殊动火作业是指在生产运行状态下的易燃易爆生产装置、输送管道、储罐、容器等部位上及其他特殊危险场所进行的动火作业。（√）

83. 动火期间距动火点 20m 内不得排放各类可燃气体。（ × ）

84. 在 $2m \leqslant h < 5m$ 时，称为一级高处作业。（√）

85. 高处作业与其他作业交叉进行时，应按指定的路线上下，不得上下垂直作业，如果需要垂直作业时应采取可靠的隔离措施。（√）

86. 进入电缆井、电缆隧道前，工作人员应使用通风设备排除浊气，再用气体检测仪检查井内或隧道内的氧含量是否合格、易燃易爆及有毒气体的含量是否超标。（√）

87. 同一区域内的生产检修用电，应各自安装用电线路。（√）

88. 施工区域应设置“六牌一图”，即工程概况牌、消防保卫牌、安全生产牌、文明施工牌、现场出入制度牌、管理人员名单及监督电话牌和施工现场平面布置图。（√）

89. 施工单位在“四口五临边”（四口是指楼梯口、电梯口、预留洞口、通道口，五临边是指尚未安装栏杆的阳台周边，无外架防护的层面周边，框架工程楼层周边，上下路道及斜道的两侧边，卸料平台的侧边。）处设置 1.2m 高钢管围栏，围栏颜色为红白相间色标，红白间距为 300mm。（√）

90. 各施工单位现场临时办公室宜分散布置。（×）

91. 空调、电暖器、电风扇等应设专用配电线路，插座宜设置在室内。（×）

92. 安全防护工作分为安全警示标志、现场围挡、治安防盗和临边防护 4 个模块。（×）

93. 每个施工场所设立 2 名门卫人员、24h 轮班值守，对外来人员和进出车辆及所有物资进行登记。（√）

94. 防护栏杆表面刷红白（各宽 500mm）相间警戒色，挡脚板表面刷黄黑（各宽 500mm）相间警戒色。（√）

95. 对邻近的人与物有坠落危险性的其他竖向孔、洞口，均应盖严或加以防护。（√）

96. 建筑物结构施工自二层起，人员进出的通道口（包括井架、施工用电梯的进出通道口）均应搭设安全通道。（√）

97. 施工现场应建立洒水清扫制度或雾化降尘措施，宜在施工现场场区道路沿线安装喷淋降尘系统控制施工扬尘，并有专人负责。（√）

98. 对暂不施工的场地及停工满半个月以上建筑工程，建设单位应对工地内的裸露地面采取绿化，网、膜覆盖等措施，防止扬尘污染。（×）

99. 施工现场宜对噪声进行实时监测。施工场界环境噪声排放标准不应超过 70dB（A），夜间不应超过 55dB（A）。（√）

100. 易挥发、易污染的液态材料，应使用密闭容器存放。（√）

101. 现场清理时，应采用相应容器或管道封闭式运输，不得将施工垃圾从窗口、洞口、阳台等处抛撒。（√）

102. 施工项目部必须完成建设工程设计和合同约定的各项内容并完成三级自检。（√）

103. 施工项目部完成所有问题的整改后，由业主项目部组织勘察，设计单位、业主项目部、施工项目部共同进行。（√）

104. 业主项目部应重点查验建筑施工质量、观感质量、使用功能等是否满足要求。（√）

105. 施工项目部应提供完整的技术档案和施工管理资料，提供工程使用的主要建筑材料、建筑构配件和设备的进场试验报告及工程质量检测和功能性试验资料，配合完成对工程质量的全面检查。（√）

106. 施工项目部必须完成建设工程设计和合同约定的各项内容并完成三级自检。（√）

107. 年度春（秋）检预试或其他专项工程集中投产的高峰作业期间，各单位领导干部每周应开展不少于 2 次的飞行检查。（×）

108. 各单位巡检组成员应满足本单位各类工作现场 100% 巡检覆盖，其中专职安全巡检人员一般不应少于 4 人。（√）

109. 业主项目部组织监理、施工项目部每周至少进行一次安全检查。（×）

110. 企业待岗、转岗、换岗的职工，在重新上岗前，必须接受一次安全培训，时间不得少于 20 学时。（√）

111. 电工作业人员属于特种设备的操作人员。（×）

112. 施工单位负责组建现场应急救援队伍，应设立一名现场总指挥，一名副指挥，并根据各个专项应急预案进行具体分工。（√）

113. 项目应急工作组负责监督施工项目部根据专项应急预案建立应急救援队伍，配备应急救援物资和器具。（√）

114. 项目应急工作组与业主项目部、监理单位、施工单位共同参与应急演练。（√）

115. 业主项目部应根据专项应急救援预案，对施工现场易发生重大安全事故的部位、环节进行监控。（√）

116. 安全事故发生后，现场应急救援队伍的总指挥应第一时间了解应急信

息并进行应急安全事故处理，于 10min 内向项目应急工作组上报。（√）

117. 现场应急救援队伍在施工单位的指导下进行现场救援工作。（×）

118. 安全事故处理分为安全事故上报和调查组安全调查。（√）

119.《中华人民共和国突发事件应对法》所称突发事件是指突然发生，造成或者可能造成严重社会危害，需要采取应急处置措施予以应对的自然灾害、事故灾难、公共卫生事件和社会安全事件。（√）

120. 突发事件应对工作实行预防为主、预防与应急相结合的原则。（√）

121. 按照社会危害程度、影响范围等因素，自然灾害、事故灾难、公共卫生事件分为特别重大、重大、较大和一般四级。（√）

122.《突发事件应对法》规定所有单位都负有预防突发事件的义务。这里的所有单位，包括国家各级各类机关，但不包括各类企业、事业单位。（×）

123. 国家标准规定的安全色有红、蓝、黄、绿四种颜色。（√）

124. 110kV 设备不停电时的安全距离为 5m。（√）

125. 按应急响应分级，造成 3 人以下死亡的为Ⅲ级。（×）

126. 电流对人体的损伤主要是电热所致的灼伤和强烈的肌肉痉挛，影响到呼吸中枢及心脏，引起呼吸抑制或心跳骤停。（√）

127. 应急后勤保障安全应预防和减少安全事故发生，加强安全培训和应急演练，做好应对后勤保障安全事故的准备工作。（√）

128. 应急后勤保障安全应符合国家和地方法律、法规、规章的规定，满足国家标准、相关行业标准、国家电网有限公司标准的要求，深化严谨细致、规范操作的工作要求，坚持安全工作的标准化和规范化。（√）

129. 应急后勤保障安全需建立分工明确、职责清晰的后勤安全保障体系。（√）

130. 应急后勤保障安全体系应涵盖所有后勤保障专业。（√）

131. 应急后勤保障安全体系包括但不限于后勤保障安全领导小组、后勤保障安全领导小组、办公室餐饮保障安全工作组、住宿保障安全工作组、交通保障安全工作组、医疗保障安全工作组、物资保障安全工作组、物业保障安全工作组，可根据实际情况进行组织结构的合并、拆分与整合。（√）

132. 后勤保障安全领导小组职责包括按照国网北京市电力公司整体安排和决策部署，总体协调保障安全相关工作，领导各工作组开展餐饮、住宿、交通、医疗、物资、物业及总指挥部等各项后勤保障安全工作。（√）

133. 应急预案是指针对可能发生的事故，为迅速、有序地开展应急行动而

预先制定的行动方案。(√)

134. 生产作业过程中的“三违反”是违章指挥、违章操作、违反劳动纪律。(√)

135. 基层应急管理应以“五个早”的工作机制为重点，“五个早”是指信息早报告、苗头早预防、隐患早排查、矛盾早化解、事件早处置。(√)

136. 对生产安全事故要坚持事故原因未查清不放过、责任人员未处理不放过、整改措施未落实不放过、有关人员未受到教育不放过的原则。(√)

137. 违反《中华人民共和国突发事件应对法》规定构成犯罪的不追究刑事责任。(×)

138. 应急处置与救援是应对突发事件工作的核心环节，应当坚持“先避险、后抢险，先救人、再救物，先救灾、再恢复”的原则。(√)

139. 后勤保障安全领导小组办公室具体负责餐饮、住宿、交通、医疗、物资、物业及总指挥部等各项后勤保障安全工作，完成领导小组交办的各项任务。(√)

140. 各专业工作组负责协助领导小组办公室做好相应的安全响应工作，做好相关安全培训与应急演练工作。(√)

141. 对因本单位的问题引发的或者主体是本单位人员的社会安全事件，有关单位应当按照规定上报情况，并迅速派出负责人赶赴现场开展劝解、疏导工作。(×)

142. 在日常后勤保障安全培训的基础上，应在保障开始前完成整理及分项专业安全培训与应急演练。(√)

143. 后勤保障安全演练可分整体流程演练和分项专业演练。(√)

144. 保障期间停止改造、施工、动火等存在危险元素的作业内容。(√)

145. 进入保障前应准备充足的维修材料，对维修工具进行检修，确保保障期间维修用具、用料的安全。(√)

146. 进行应急保障安全监督检查时，应坚持“客观、公正、科学”的检查原则。(√)

147. 专项应急预案是指针对可能发生的具体事故类型而制定的应急预案。(√)

148. 现场处置方案是根据不同事故类别，针对具体的场所、装置或设施所制定的应急处置措施。(√)

149. 有异物刺入头部或胸部时，马上拔出，用纱布简单包扎后送医院抢

救。(×)

150. 伤员较大动脉出血时，可采用指压止血法，用拇指压住伤口的近心端动脉，阻断动脉运动，达到快速止血的目的。(√)

151. 在突发公共安全事件的紧急情况下，选择应急避难场所，妥当的是在室内遭遇地震时选择洗手间等跨度小的空间。(√)

152. 应急管理是对重大事故的全过程管理，贯穿于事故发生前、中、后的各个过程，充分体现了“预防为主，常备不懈”的应急思想。(√)

153. 使用电气工具时，禁止提着电气工具的导线或转动部分。(√)

154. 井、坑、孔、洞或沟，应覆以与地面齐平而坚固的盖板。检修作业，禁止临时打孔、洞。(×)

155. 消防器材的配备、使用、维护，消防通道的配置等应遵守 DL 5027《电力设备典型消防规程》的规定。(√)

156. 禁止使用没有防护罩的砂轮（特殊工作需要的手提式小型砂轮除外）。砂轮机的安全罩应完整。(√)

四、简答题

1. 后勤工程项目安全管理目标是什么?

答:（1）不发生人身死亡事故。

（2）不发生重大火灾事故。

（3）不发生较大环境污染事件。

（4）不发生其他对国网北京市电力公司和社会造成重大影响的事故（事件）。

2. 安全帽的使用规定是什么?

答:（1）进入施工现场人员应正确佩戴。

（2）国网北京市电力公司所属各单位安全帽在背面加印所在单位企业名称及编号。

（3）安全帽推荐实行分色管理，同一工地不同单位员工所用安全帽应有明显的区别（文字或标识）。

3. 起重机挂钩使用时应注意什么?

答:（1）起重或吊物重量不明不挂。

（2）重心位置不清楚不挂。

（3）尖棱利角和易滑工件无衬垫物不挂。

（4）吊具及配套工具不合格或报废不挂。

（5）包装松散捆绑不良不挂等。

4. 施工现场用火必须符合什么规定?

答:（1）焊接、切割、烘烤或加热等动火作业前，应对作业现场的可燃物进行清理；作业现场及其附近无法移走的可燃物应采用不燃材料对其进行覆盖或隔离。

（2）施工现场严禁在裸露的可燃材料上直接动火作业。

（3）严禁在具有火灾、爆炸危险的场所动用明火。

5. 电气设备的安全规定包括什么?

答:(1)瓷质材料拆箱后，应单层排列整齐，不得堆放，并采取防碰措施。

(2)绝缘材料应存放在有防火、防潮措施的库房内。

(3)电气设备应分类存放，放置应稳固、整齐，不得堆放。

(4)重心较高的电气设备在存放时应有防止倾倒的措施。有防潮标志的电气设备应做好防潮措施。

6. 施工工地的“六个百分之百”是什么?

答:(1)现场封闭管理百分之百。

(2)场区道路硬化百分之百。

(3)渣土物料覆盖百分之百。

(4)洒水清扫保洁百分之百。

(5)物料密闭运输百分之百。

(6)出入车辆清洗百分之百。

7. 现场围挡的安全管理标准是什么?

答:(1)施工单位工作区域的围挡由施工单位负责，围挡高度不得低于1.8m。

(2)安全保卫团队对围挡情况进行定期与不定期巡查，防止出现私自翻阅情况，发现围挡损坏情况及时修补。

8. 现场应急救援队伍的安全职责是什么?

答:(1)负责组织编制应急预案。

(2)负责配备应急救援物资和器具。

(3)负责组织施工现场应急演练并记录。

(4)了解应急信息并进行安全应急事故处理。

(5)负责安全应急事故上报。

(6)负责协助安全应急事故调查。

第五章

食堂及食品安全管理

一、单选题

1. 食品保质期是指食品在（D）保持品质的期限。

A. 常温条件下　　B. 冷藏条件下
C. 冷冻条件下　　D. 标明的储存条件下

2. 食堂场所及其设备设施设置的安全标志可分为（A）类。

A. 2　　B. 3
C. 4　　D. 5

3. 食堂场所及其设备设施设置的安全标志的特定类型包括（C）。

A. 危险品标志　　B. 提示标志
C. 消防标志　　D. 警告标志

4. 下列关于食品生产经营的要求，不符合《食品安全法》的是（D）。

A. 有专职或者兼职的食品安全技术人员
B. 有专职或者兼职的食品安全管理人员
C. 用水应当符合国家规定的生活饮用水卫生标准
D. 使用的洗涤剂应当符合绿色环保要求

5. 食堂开水房应张贴的警告标志为（C）。

A. 

B. 

C. 

D. 

6. 食堂及食品安全管理分为日常管理和（A）两个阶段。

A. 监督检查　　B. 安全检查
C. 安全巡查　　D. 隐患整改

7. 按照国网北京市电力公司健康食堂要求，应成立食品安全小组，成员由相关（A）组成。

A. 食堂管理人员　　B. 后勤管理部门
C. 食堂从业人员　　D. 食堂经营单位

8. 为保证食堂安全管理规范，食堂应设置（B）岗位。

A. 食品采购员　　B. 食品安全管理员
C. 食堂仓库管理员　　D. 食堂消毒人员

9. 为保障操作安全，中、高级以上烹饪、服务等技术人员应占从业人员的（D）。

A. 2%　　B. 5%
C. 7%　　D. 10%

10. 国网北京市电力公司食堂应取得市场监管部门颁发的（C）。

A. 卫生许可证　　B. 生产许可证
C. 食品经营许可证　　D. 排污许可证

11. 食堂从业人员工作服宜用（B）布料制作。

A. 深色　　B. 白色或浅色
C. 黑色　　D. 红色

12. 食堂每名从业人员至少配备（B）套工作服。

A. 1　　B. 2
C. 3　　D. 4

13. 食堂食品采购应当按产品类别或供应商、进货时间顺序整理，妥善保管索取的相关证照、产品合格证明文件和进货记录，不得涂改、伪造，其保存期限不得少于（C）年。

A. 半　　B. 1
C. 2　　D. 3

14. 食品采购需经（B）人以上验收，具备条件时设立食品检测室，对供货商提供的食品进行检测并做好详细记录。经查验不合格的食品，通知供货商做退货处理。

A. 1　　B. 2
C. 3　　D. 4

15. 食堂采购的蔬菜、水果至少应达到（A）及以上等级标准。禁止采购不符合食品卫生标准的食品和原料。

A. 无公害　　B. 绿色
C. 有机　　D. 其他

16. 食堂库房物品需设定安全存放量，做到（C）。

A. 先进后出　　B. 后进后出
C. 先进先出　　D. 后进先出

17. 食堂食品应合理布局，并能防止在存放、操作中产生交叉污染。食品加工处理流程应为（A）的单一流向。

A. 生进熟出　　B. 生进生出
C. 生熟同出　　D. 熟进熟出

18. 食堂用水应符合（D）规定。

A. GB 3838《地表水环境质量标准》
B. CJ/T 206《城市供水水质标准》
C. GB/T 14848《地下水质量标准》
D. GB 5749《生活饮用水卫生标准》

19. 不合格食品原材料在处理过程中，应有两人以上在场，并分别签署经手人、证明人姓名。处理后应及时做好记录，记录内容不包括（B）。

A. 产品名称　　B. 食品保存注意事项

C. 生产厂家　　D. 处理原因

20. 食品添加剂要分类、分开存放，以防误用。食堂严禁储存（C），严禁使用不明来源的添加剂。

A. 大粒盐　　B. 食用盐

C. 亚硝酸盐　　D. 碘盐

21. 留样食品取样应及时、无污染，并使用无菌容器盛放，一菜一盒，不得混装，冷藏于（B）。

A. 0℃以下专用冰箱　　B. 0~10℃专用冰箱

C. 10~20℃　　D. 常温下

22. 留样食品应保留（D）时以上。

A. 12　　B. 24

C. 36　　D. 48

23. 厨房的各种电动设备的安装和使用必须符合防火安全要求。各类电器应设有（A），定期检查绝缘和接头。

A. 保险装置　　B. 清洁装置

C. 冷却装置　　D. 防火装置

24. 煤气罐与燃烧器及其他火源的距离不得少于（C）m。

A. 0.5　　B. 1.0

C. 1.5　　D. 2.0

25. 厨房在油炸、烘烤各种食物时，油锅及烤箱温度应控制得当，油锅内的油量不得超过（D）容量。

A. 1/4　　B. 1/3

C. 1/2　　D. 最大限度

26. 煮沸消毒餐具时，洗涤好的餐具放入100℃的水中至少煮沸（C）min。

A. 5　　B. 7
C. 10　　D. 15

27. 蒸汽消毒餐具时，洗涤好的餐具放入蒸气柜内，温度保持100℃，消毒时间不得少于（D）min。

A. 5　　B. 7
C. 10　　D. 15

28. 红外消毒餐具时，洗涤好的餐具放入消毒柜内，温度保持100℃，消毒时间不得少于（D）min。

A. 5　　B. 7
C. 10　　D. 15

29. 下列加工制作应在专间内进行的是（D）。

A. 冷食类制作、备餐、餐饮具保洁
B. 冷食类制作、热食类制作、饮品制作
C. 冷食类制作、生食类制作、糕点制作
D. 冷食类制作、生食类制作、糕点制作、食品分装

30. 食堂按防火分区或单元配置灭火器，每一单元或每个设置点不少于（B）支。

A. 1　　B. 2
C. 3　　D. 4

31. 消毒后餐具表面有残留水不应使用（B）的方法进行处理。

A. 红外线烘干　　B. 抹布擦干
C. 自然沥干　　D. 热力烘干

32. 所有灭火器必须进行年检，灭火器的安全周期为（B），超期必须进行维修保养。

A. 半年　　B. 一年
C. 两年　　D. 三年

33. 根据规定，食堂用餐面积每人不小于（C）m^2。

A. 0.5　　B. 1
C. 1.5　　D. 2

34. 根据规定，后厨面积不得小于食堂整体面积的 1/5，最少不得低于（B）m^2。

A. 5　　B. 10
C. 15　　D. 20

35. 根据规定，切配烹饪场所占食品处理区面积应达（C）以上。

A. 20%　　B. 30%
C. 50%　　D. 70%

36. 根据规定，煤气罐和灶具之间应有（C）m 的距离。

A. 0.5　　B. 1
C. 1.5　　D. 2

37. 煤气罐从出厂日期起（C）年后就自动报废。

A. 5　　B. 10
C. 15　　D. 20

38. 食品安全法实施条例关于餐饮服务的完整定义是（B）。

A. 通过即时制作加工和服务性劳动等，向消费者提供食品和消费场所及设施的服务活动

B. 通过即时制作加工、商业销售和服务性劳动等，向消费者提供食品和消

费场所及设施的服务活动

C. 食品生产加工小作坊通过即时制作加工和服务性劳动等，向消费者提供食品和消费场所及设施的服务活动

D. 食品生产加工小作坊通过即时制作加工、商业销售和服务性劳动等，向消费者提供食品和消费场所及设施的服务活动

39. 煤气罐不要倒置使用。多个煤气罐共同使用时，瓶间距不可低于（B）m。

A. 0.5　　B. 1

C. 1.5　　D. 2

40. 严禁用温度高于（D）℃的热源给燃气瓶加热。燃气瓶投入使用后，不得对燃气瓶进行挖补、焊接修理。

A. 10　　B. 20

C. 30　　D. 40

41. 下列关于燃气瓶库房说法错误的是（B）。

A. 保持阴凉通风

B. 存放 50kg 级石油燃气瓶不得超过 5 只

C. 配备定量灭火设备

D. 外墙设置醒目“严禁烟火”标志

42. 食堂使用灭蝇灯，应悬挂于距地面（D）m 左右，且与食品加工操作场所保持距离。

A. 0.5　　B. 1

C. 1.5　　D. 2

43. 食堂排水沟出口和排气口应有网眼孔径小于 6mm 的金属隔栅或网罩，为了（D）。

A. 控制废水排放流量

B. 控制食堂透气性

C. 防止废水中不溶物进入排水沟

D. 防止鼠类侵入

44. 根据食堂管理规定，食品安全所有记录需保存（C）年备查。

A. 半　　B. 1

C. 2　　D. 3

45. 根据食堂管理规定，测量设备校准和（或）检定（验证）结果的记录应保存（B）年。

A. 半　　B. 1

C. 2　　D. 3

46. 供餐人数达（D）人及以上的食堂需配食品安全快速检测箱。

A. 200　　B. 300

C. 400　　D. 500

47. 必须对生鲜肉、食用油、酒类、熟肉制品、水发水产品、果蔬及配比后的消毒液进行检测，可根据采购的实际情况适时增加检测项目。上述食品及食品原料和配比后的消毒液的检测率不低于（D）。

A. 5%　　B. 10%

C. 20%　　D. 30%

48. 根据规定，食堂每种主副食品留样量不少于（D）g。

A. 10　　B. 20

C. 50　　D. 100

49. 从烧熟至食用的间隔时间（保质期）应符合以下要求：烧熟后 2h 的食品中心温度保持在 60℃以上（热藏）的，其保质期为烧熟后（B）h。

A. 2　　B. 4

C. 6　　D. 8

50. 从烧熟至食用的间隔时间（保质期）应符合以下要求：烧熟后 2h 的食品中心温度保持在 10℃以下（冷藏）的，保质期为烧熟后（C）h，但供餐前应按要求再加热。

A. 6　　　　B. 12
C. 24　　　　D. 48

51. 蒸箱操作时，关好气灶观察门，同时头面部远离点火孔 1.5 尺以上，严禁（A）。开启鼓风机电源，再慢慢打开燃气灶气阀，同时观察、调节风力大小及火力直至所需。

A. 面部正对点火孔
B. 与点火孔保持一定距离
C. 在点火孔左侧保持一定距离
D. 在点火孔右侧保持一定距离

52. 冰箱周围应离隔墙（D）mm 以上，以便空气流通和便于检修。

A. 50　　　　B. 70
C. 100　　　　D. 150

53. 消防安全标志应固定在距离消火栓（B）m 的范围内，不得影响消火栓的使用。

A. 0.5　　　　B. 1
C. 1.5　　　　D. 2

54. 食品生产者采购食品原料，应当查验供货者的许可证和产品合格证明文件；对无法提供合格证明文件的食品原料，应当（B）。

A. 要求供货方补交合格证明文件
B. 按照食品安全标准进行检验
C. 自行判断是否可以使用
D. 依照专家意见处理

55. 因标签、标识或者说明书不符合食品安全标准而被召回的食品，应该（D）。

A. 全部销毁
B. 低价处理
C. 经杀菌处理后继续销售
D. 在采取补救措施且能保证食品安全的情况下可以继续销售，并向消费者明示补救措施

56. 关于食品安全事故，说法不正确的是（D）。

A. 食品安全事故应急预案应当对食品安全事故分级
B. 食品生产经营企业应当制定食品安全事故处置方案
C. 食品安全事故调查部门有权要求有关单位、个人提供相关资料和样品
D. 调查处理对确认属于被污染的食品及其原料，应当当场销毁

57. 餐饮服务提供者产生的厨余垃圾，不得采取（C）方法处置。

A. 与厨余垃圾收集处置单位签订收集处置协议
B. 将厨余垃圾日产日清
C. 将厨余垃圾用于喂养
D. 建立厨余垃圾处置台账

58.《国网北京市电力公司应急后勤保障安全工作规范》规定，食品仓储应满足（D）要求。

A. 食品与非食品可以混合放置
B. 食品仓库内可以存放洗涤剂、消毒剂
C. 食品可以生熟混合、堆积存放
D. 仓库内应使用机械通风或空调设备通风、防潮、防腐，保持通风干燥

59.《国网北京市电力公司应急后勤保障安全工作规范》规定，下列关于食品配送表述不正确的是（B）。

A. 应防止食品污染，做好食物加工场所的卫生
B. 工作人员应注意个人卫生，不需要持有健康证

C. 生鲜运输应保持低温冷藏、干净卫生

D. 配送餐饮的容器和车辆，应在每次配送前进行清洗消毒

60. 下面关于食品安全的表述，正确的是（B）。

A. 经过高温灭菌过程，食品中不含有任何致病微生物

B. 食品无毒、无害，符合应当有的营养要求，对人体健康不造成任何急性、亚急性或者慢性危害

C. 原料天然，食品中不含有任何人工合成物质

D. 虽然过了保质期，但外观、口感正常

61. 国家建立食品安全风险监测制度，对食源性疾病、（B）以及食品中的有害因素进行检测。

A. 食品添加剂　　B. 食品污染

C. 食品有害物质残留　　D. 其他

62. 国家对食品生产经营实行许可制度。从事餐饮服务，应当依法取得（D）。

A. 食品卫生许可　　B. 食品生产许可

C. 食品流通许可　　D. 餐饮服务许可

63. 从事食品批发业务的经营企业应当建立食品销售记录制度，如实记录批发食品的名称、规格、数量、生产日期或者生产批号、保质期、销售日期以及购货者名称、地址、联系方式等内容，并保存相关凭证。记录和凭证保存期限应当符合记录和凭证保存期限不得少于产品保质期满后 6 个月；没有明确保质期的，保存期限不得少于（A）年。

A. 2　　B. 3

C. 6　　D. 12

64. 食品生产经营人员（B）应当进行健康检查，取得健康证明后方可参加工作。

A. 每半年　　B. 每年

C. 每两年　　D. 每三年

65. 食品安全标准的性质是（C）。

A. 鼓励性标准　　B. 引导性标准
C. 强制性标准　　D. 自愿性标准

66. 下列食品中，（D）属禁止生产经营的。

A. 营养成分不符合食品安全标准的专供婴幼儿和其他特定人群的主辅食品
B. 超过保质期的食品
C. 无标签的预包装食品
D. 以上都是

67. 食品安全法关于食品安全的完整定义是（A）。

A. 食品无毒、无害，符合应当有的营养要求，对人体健康不造成任何急性、亚急性或者慢性危害

B. 食品无毒、无害，符合应当有的营养要求，对人体健康不造成任何急性、亚急性或者慢性危害，必须符合零风险要求

C. 食品无毒、无害，符合应当有的蛋白质、糖类、脂肪等营养要求，对人体健康不造成任何急性、亚急性或者慢性危害

D. 食品无毒、无害，符合应当有的蛋白质、糖类、脂肪等营养要求，对人体健康不造成任何急性、亚急性或者慢性危害，必须符合零风险要求

68. 调查食品安全事故，应当坚持（A）的原则，及时、准确查清事故性质和原因，认定事故责任，提出整改措施。

A. 实事求是、尊重科学
B. 实事求是、全面严格
C. 任何单位和部门不得隐瞒、谎报、缓报
D. 查清责任、及时上报

二、多选题

1. 食堂使用的食品原料可分为（ABCD）类别。

A. 热食类食品　　B. 冷食类食品

C. 速冻食品　　D. 方便食品

2. 食堂场所及其设备设施设置的安全标志的基本类型包括（ABC）。

A. 禁止标志　　B. 警告标志

C. 提示标志　　D. 指令标志

3. 食堂场所及其设备设施设置的安全标志的特定类型包括（BC）。

A. 危险品标志　　B. 安全标志

C. 消防标志　　D. 警告标志

4. 食堂及食品安全常用禁止标志包括（ABC）。

A. 

B. 

C. 

D. 

5. 食堂场所应该具有的相关证件包括（ABCD）等应上墙，安全标识清晰且张贴在正确的位置。

A. 安全管理制度　　B. 卫生许可证

C. 工作人员健康证　　D. 值班人员名单

6. 后勤食堂及食品安全管理组织包括（ABCD）。

A. 国网北京市电力公司后勤工作部

B. 所属各单位后勤管理部门
C. 食品安全小组
D. 食堂经营单位

7. 食堂应建立健全各项安全制度，包含（ABC），使各项安全措施制度化、程序化。

A. 管理制度　　B. 作业文件
C. 记录表格　　D. 知识培训

8. 食堂安全管理工作包括（ABCD）管理。

A. 从业人员　　B. 设备设施及环境
C. 仓储及档案　　D. 安全技术

9. 食品安全管理包括（ABCD）等内容。

A. 采购、储存　　B. 备餐、加工、烹饪、供餐
C. 食品安全快速检验　　D. 食品留样

10. 食堂从业人员应当保持良好的个人卫生，坚持做到（ABCD）。

A. 勤洗手、剪指甲　　B. 勤洗澡、理发
C. 勤洗衣服、被褥　　D. 勤换工作服

11. 食堂从业人员实行（ABCD）综合考核。

A. 德　　B. 能
C. 勤　　D. 纪

12. 食堂食品采购严格执行食品卫生标准，建立食品进货查验记录台账，台账应包括（ABCD）内容。

A. 销售食品名称、时间　　B. 销售食品品种、规格
C. 购货方名称　　D. 购货方联系方式

13. 食堂在采购大宗食品时必须让供货商提供“检验三证”，即（ABC）。

A. 卫生许可证　　B. 生产许可证
C. 流通许可证　　D. 排污许可证

14. 食堂库房应定期检查，做好“五防”工作，包括（ABCD）。

A. 防鼠　　B. 防虫、防蝇
C. 防尘　　D. 防霉

15. 食堂食品处理区应设置在室内，按照（ABCD）的流程合理布局。

A. 原料进入　　B. 原料加工
C. 半成品加工　　D. 成品供应

16. 采购时存在（ABC）情况，应立即退回供货商或生产厂家。

A. 食品原材料索证材料不齐
B. 感官质量不好
C. 无合格标、无生产厂名、无出产日期
D. 未标明建议零售价

17. 使用添加剂必须严格按照GB 2760《食品安全国家标准　食品添加剂使用标准》和产品说明书规定的使用量和使用范围，严禁（AC）。

A. 扩大使用量　　B. 减小使用量
C. 扩大使用范围　　D. 减小使用范围

18. 在购买食品添加剂时应认明标签上“食品添加剂”字样，向销售者索取检验合格证或化验单。对（ABCD）的添加剂不能购买。

A. 没有生产许可证编号　　B. 没有厂名厂址
C. 没有使用范围　　D. 没有使用量

19. 食堂从业人员应严格执行添加剂（ABC）制度，由专人保管登记入库记录。

A. 采购　　B. 验收
C. 使用登记　　D. 包装

20. 厨房内的煤气管道及各种灶具附近严禁堆放（ABC）物品。

A. 可燃　　B. 易燃

C. 易爆　　D. 其他

21. 食堂需确保三防设施有效起到（BCD）作用。

A. 防水　　B. 防尘

C. 防鼠　　D. 防蝇

22. 餐饮用具采用热力消毒时，程序包括（ABCD）。

A. 除残渣　　B. 热碱水浸泡洗刷

C. 清水冲　　D. 热力消毒

23. 餐饮用具采用药物消毒时，程序包括（ABCD）。

A. 除残渣　　B. 热碱水浸泡洗刷

C. 药物消毒　　D. 清水冲

24. 餐具、用具清洗消毒用水池必须专用，分设（BCD），并设有明显标识。

A. 浸泡池　　B. 洗涤池

C. 消毒池　　D. 清洁池

25. 食堂应定期检查（ACD），定期组织开展安全出口、疏散通道的专项治理和检查工作。

A. 天然气　　B. 水龙头

C. 液化气　　D. 电气线路设备

26. 食堂灭火时可以选择（BCD）进行灭火。

A. 水　　B. 干粉灭火器

C. 卤代烷灭火器　　D. 二氧化碳灭火器

27. 燃气瓶的放置地点，不得靠近（AC），应保证燃气瓶瓶体干燥。

A. 热源　　B. 水源
C. 明火　　D. 电线

28. 食堂原料采购验收、加工操作过程关键项目、食品安全检查情况、食品留样、检验结果及投诉情况、处理结果、发现问题后采取的措施等均应记录。食品安全检查记录应有（CD）的签名。

A. 食堂从业人员　　B. 食堂经营者
C. 执行人员　　D. 检查人员

29. 食品入库前实行安全质量验收，查验供货者的主体资格、食品生产许可证和食品质量合格的证明文件，大宗食品检验三证（即 ABC），以及购货小票、发票齐全，确保进货食品及原材料 100%可追溯。对所有票证应统一保管，集中备案，随时接受相关执法部门的检查。

A. 卫生证　　B. 化验证
C. 合格证　　D. 生产许可证

30. 大米、面粉、菜油、调料、肉类五大宗食品的供应商，还必须同时具备国家规定的必须具备的相关资质、证书（即 ACD）。

A. 卫生许可证　　B. 其他
C. 产品质量监督检验报告　　D. 动物检疫合格证

31. 食堂安全小组的工作职责包括（ABCD）。

A. 负责配合市场监督管理部门对本食堂食品安全进行监督检查
B. 负责定期协助组织本食堂从业人员进行《食品安全法》等法律法规的知识培训
C. 负责检查食品生产加工过程的食品安全状况并记录，对检查中不符合要求的内容应及时制止并提出处理意见
D. 负责对食品安全检验工作进行管理

32. 各单位后勤管理部门对食堂进行监督检查时，应当对哪些内容进行重点检查（ABCD）。

A. 食品经营许可情况

B. 从业人员健康证明、食品安全知识培训和建立档案情况

C. 环境卫生、个人卫生、食品用工具及设备、食品容器及包装材料、卫生设施、工艺流程等

D. 食品加工制作、销售、服务过程的安全卫生情况

33. 造成细菌性食物中毒的常见原因为（ABC）。

A. 原料腐败变质　　B. 加工过程发生生熟交叉污染

C. 从业人员带菌污染食品　　D. 食品烧熟煮透

34.《国网北京市电力公司应急后勤保障安全工作规范》规定，餐饮保障安全中食品采购应满足（ABCD）要求。

A. 方便食品、蔬菜、肉禽类、水储备不需要与合格供应商签订储备协议

B. 配送服务商应满足 T/CCPITCSC 007—2017《外卖配送服务规范》中相关要求

C. 采购符合安全要求的食品

D. 按照《食品安全法》进行监督和管理

35. 根据《国网北京市电力公司应急后勤保障安全工作规范》规定，餐饮保障安全为应急后勤保障工作中所提供的（ABCD）等保障服务中所采取的安全措施。

A. 餐饮供给　　B. 物资配置

C. 食材采购　　D. 食品存储、加工、配送

三、判断题

1. 食品的定义为供人类食用或饮用的物质，包括加工食品、半成品和未加工食品，包括烟草或只作药品用的物质。(×)

2. 食品在按照预期用途进行制备和（或）食用时，不会对食用者造成伤害。(√)

3. 食品安全方针由组织的最高管理者正式发布该组织总的食品健全宗旨和方向。(√)

4. 满足国网北京市电力公司“健康食堂”标准的备餐、制餐、用餐场所称为健康食堂。(√)

5. 预先定量包装或者制作在包装材料、容器中的食品。包括预先定量包装以及预先定量制作在包装材料和容器中并且在一定量限范围内具有统一的质量或体积标识的食品。(√)

6. 食堂所用安全标志所用的颜色应符合 GB 2893《安全色》的规定。(√)

7. 食堂场所的安全标识清晰且张贴在正确的位置。(√)

8. 食堂应落实安全责任制，后勤管理部门和食品安全小组应经常进行检查和监督，及时处理违反安全规定的行为。(√)

9. 食堂应建立健全设备的操作规程，将所有设备按专业化分工定岗使用，加强设备的维护与保养，确保其正常运行。(√)

10. 食堂应保持环境卫生，保证设备处于最佳运行状态。(√)

11. 食堂设备需要采用定位管理等科学管理方法，保证工作程序的规范化、科学化。(×)

12. 从业人员操作时应穿戴清洁的工作衣帽，头发不得外露，不得留长指甲、涂指甲油、佩带饰物；专间操作人员应戴口罩，厨房内允许吸烟。(×)

13. 从业人员操作前应洗净手部，操作过程中应保持手部清洁，手部受到污染后应及时洗手。(√)

14. 工作服应定期更换，保持清洁。接触直接入口食品的操作人员的工作服应每天更换。(√)

15. 使用过的工作服可以放在食品处理区。(×)

16. 从业人员上卫生间前应在食品处理区内脱去工作服。(√)

17. 炉灶应保持清洁，排油烟罩应定期擦洗、保养，保证设备正常运转。(√)

18. 正在使用火源的工作人员可以随意离开自己的岗位。(×)

19. 厨房工作在下班前，各岗位应有专人负责关闭能源阀门及开关，负责检查火种是否已全部熄灭。(√)

20. 楼层厨房一般可以使用瓶装液化石油气。(×)

21. 煤气管道应从室外单独引入，不得穿过客房或其他房间。(√)

22. 液化石油气罐气体用完后应由专职人员负责开关阀门，负责换气，严禁乱倒罐中的液体。(√)

23. 食堂场所的设备设施应根据使用说明书或设备安全技术规范定期进行维护保养。各种灶具及煤气罐的维修与保养应指定专人负责。冰柜等冷藏、冷冻设备应定期除霜、清洁和维修，校验温度（指示）计。(√)

24. 食堂必须远离污染源，距离暴露垃圾堆（场）、坑式厕所、粪池 25m 以上，环境整洁。(√)

25. 食堂应建立厨余垃圾处置管理制度，将厨余垃圾分类放置，做到日产日清。(√)

26. 餐厨废弃物清除后的容器应及时清洗，必要时进行消毒。(√)

27. 餐厨废弃物应由经相关部门许可或备案的餐厨废弃物收运、处置单位或个人处理，应与处置单位或个人签订合同，并索取其经营资质证明文件复印件。(√)

28. 废弃食用油脂应存放在标有“废弃油脂专用”字样的专用密闭容器内，专人负责管理。废弃食用油脂只能销售给经相关部门许可或备案的废弃油脂加工单位和从事废弃物收购的单位，可以销售给其他单位和个人。(×)

29. 食堂应定期进行除虫灭害工作，防止害虫滋生。除虫灭害工作不得在食品加工操作时进行，实施时对各种食品应有保护措施，应将杀虫剂等有毒有害物品固定保存，使用过程中应参照产品使用方法。(√)

30. 切配好的半成品可以冷藏储存在冰箱中，隔夜使用。(×)

31. 用于烹饪的调味料盛放器皿应每天清洁，使用后随即加盖或苫盖，不得与地面或污垢接触。(√)

32. 围边、盘花应保证清洁新鲜，无腐败变质，可以回收后再使用。(×)

33. 食堂经营者应当严格按照食堂安全法律法规、规章制度和食堂安全标准

的要求从事食品经营活动，建立健全食堂及食品安全管理制度，确保食堂及食品安全。（√）

34. 患有痢疾、伤寒、甲型病毒性肝炎、戊型病毒性肝炎等消化道传染病（含病原体携带者）、活动性肺结核、化脓性或者渗出性皮肤病以及其他有碍食品安全的病症人员，不得从事接触直接入口食品的工作。（√）

35. 食堂管理及从业人员应积极参与食品安全知识培训，学习食品安全法律、法规、规章、标准和其他食品安全知识，主动提升食品安全管理水平和抵御食品安全风险的能力。（√）

36. 食堂库房食材应定期检查是否新鲜，防止霉烂、变质。库房地面应保持干燥，房间应通风透气。（√）

37. 食品储存应当分类、分架、隔墙、离地存放，标识明显。严禁存放变质、有异味、污染不洁或超过保存期的食品。未经食堂负责人允许，严禁进入库房。（√）

38. 变质食品应设立专门的仓库或容器进行保管。不得同合格的食品混放在一起，以免造成污染。（√）

39. 食品加工前应认真检查待加工食品，发现有腐败变质迹象或者其他感官性状异常的，不得加工和使用。食品原料在使用前应洗净，动物性食品原料、植物性食品原料、水产品原料应分池清洗，禽蛋在使用前应对外壳进行清洗，无须消毒。（×）

40. 易腐烂变质食品应尽量缩短在常温下的存放时间，加工后应及时使用或冷藏。切配好的半成品应按照加工操作规程，在规定时间内使用，与原料分开存放，应避免受到污染。（√）

41. 加工结束后应及时清理地面，水池、操作台、工用具、容器及所用机械设备清洗干净，定位存放，做到刀不锈、砧板不霉、整齐有序，及时清理垃圾，保持室内清洁卫生。（√）

42. 食品原材料在储存中发现有霉变或超过保质期的现象，应立即报后勤管理部门，并采取销毁措施。（√）

43. 食品必须添加用于食品用途的添加剂，添加剂产品说明书的内容必须真实，禁止使用非食用添加剂。（√）

44. 食堂应对提供的每餐次食品成品留样，以便于必要时检验。一旦发生食物中毒或疑似食物中毒事故，应及时提供留样样品，配合监管部门进行调查处

理，不得影响或干扰事故的调查处理工作。（√）

45. 食品留样冰箱为专用设备，严禁存放与留样食品无关的物品。留样柜内必须配备温度计并上锁管理。（√）

46. 食堂应有合理的设备布局和工艺流程，防止待加工食品与直接入口食品、原料与成品交叉污染，避免食品接触有毒物、不洁物。（√）

47. 储存、运输和装卸食品的容器、工具和设备应当安全、无害，保持清洁，防止食品污染，并符合保证食品安全所需的温度、湿度等特殊要求，不得将食品与有毒、有害物品一同储存、运输。（√）

48. 销售无包装的直接入口食品时，应当使用无毒、清洁的容器、售货工具和设备。（√）

49. 严禁乱倒乱堆餐厨废弃物。餐厨废弃物应当实行密闭化运输，运输设备和容器应当张贴“餐厨废弃物”标识，整洁完好，运输中不得泄漏、撒落。（√）

50. 食堂必须按照国网北京市电力公司相关消防要求配置消防灭火器材，并且完整好用，符合法律法规要求。（√）

51. 食堂从业人员必须熟悉掌握消防器材的使用方法，并知道灭火器所在位置，积极参加消防知识培训，定期检查灭火器是否有效，发现问题后上报后勤管理部门及时更换。（√）

52. 能触碰到的设备导电部分均应采取相应防护措施，严禁用湿手触摸开关、电缆及其他电气设备，以防触电。（√）

53. 由于电气设备、用电线路起火而发生火灾，应先切断电源，然后用干粉或四氯化碳灭火器灭火，或用沙子灭火，也可以用水直接灭火。（×）

54. 食堂从业人员发现燃气泄漏时，应当立即关闭燃气瓶总阀。打开库房门窗疏导气体，封锁库房泄漏现场，禁止任何无关人员进入。严禁任何人使用明火，不能开灯，以免发生爆炸。（√）

55. 发生涉及人身伤亡的突发事故（事件），食堂负责人首先要做好先期处置，营救受伤被困人员，采取必要措施防止危害扩大，并根据相关规定，及时向上级和所在地人民政府及有关部门报告。（√）

56. 对发生在食堂的社会安全事件，食堂安全管理人员要迅速派出相关负责人赶赴现场开展劝解、疏导工作。（√）

57. 食堂应全面推行食品经营安全监督量化分级管理工作，加强食堂标准化建设。（√）

58. 任何组织或者个人有权举报公司食堂及食品安全的违法行为，公司监督管理部门做好食堂食品安全举报受理、查处和反馈工作。（√）

59. 库房中食品添加剂的存放应有固定的场所（或橱柜），标识“食品添加剂”字样，盛装容器上应标明食品添加剂名称。（√）

60. 运输食品、装卸食品时的包装、容器和工具应保证无污染，食品原料进操作间需要去掉外包装，鸡蛋进操作间应倒箱。（×）

61. 食堂应配备相应的检测设备，对储存的食品进行自检。经检测合格后才能允许食用，并登记检测结果，存档备查。（√）

62. 食堂应定期查看食品的保质期，对临近保质期限的食品进行检测。发现不合格食品，应立即报告辖区工商部门进行处理，并及时告知供货商召回售出的问题食品，退货或销毁。（√）

63. 点火时，必须执行“火等气”原则，即点燃火柴，再打开点火棒供气开关，点燃火棒后，将点火棒靠近灶具燃气，最后打开燃烧器供气开关，点燃燃烧器。（√）

64. 食堂采购的食品及食品添加剂本身要求符合国家有关食品安全标准和规定，不得采购《食品安全法》第 34 条规定禁止生产经营的食品和《农产品质量安全法》第 33 条规定不得销售的食用农产品。（√）

65. 建立食品台账制度，索证索票、进货查验和采购记录行为应符合《餐饮服务食品采购索证索票管理规定》（国食药监食〔2011〕178 号）。（√）

66. 在备餐专间内操作应符合专间有关要求，操作时应避免食品受到污染。用于菜肴装饰的原料使用前应洗净消毒，可以反复使用。（×）

67. 食品快速检测箱包含生鲜肉的瘦肉精、熟肉制品的亚硝酸盐、食用油的酸价和过氧化值、酒类的甲醇、水发水产品的甲醛、果蔬的农药残留及消毒液的有效氯 7 项必检项目和注水肉、木耳中的硫酸镁及双氧水 3 项自选项目相应的配套装置及试剂试纸等。（√）

68. 食堂从业人员每年要进行至少一次卫生、消防、安全等知识的培训，培训合格方可上岗。（√）

69. 食堂发生特种设备事故时，应按照《特种设备事故报告和调查处理规定》（质检总局第 115 号）的要求，向特种设备安全监管部门和有关部门报告。（√）

70. 根据突发事件性质、级别，依据《国家电网有限公司应急工作管理规定》（国家电网企管〔2019〕720 号）相关规定，按照“分级响应”要求，相关单位

分别启动相应级别应急响应措施，组织开展突发事件应急处置与救援。（√）

71. 蒸箱设备须经培训后方可上岗操作，其他人员不得动用。（√）

72. 蒸制品蒸制结束后，及时关闭供气阀门及鼓风机电源，可以立即取出。（×）

73. 冰箱使用应标明分开使用，严禁生熟混放，以免影响食品卫生，食物中毒事件。（√）

74. 灭火器标志悬挂在灭火器、灭火器箱的上方或存放灭火器、灭火器箱的通道上。泡沫灭火器器身上应标注“不适用于电火”字样。（√）

75. 用于食品的包装材料、容器、洗涤剂、消毒剂的生产经营应当遵守《食品安全法》。（√）

76. 在不影响操作的前提下，可以在食品处理区内吸烟、饮食。（×）

77. 粗加工工作间应至少设置动物性食品和植物性食品的清洗水池，水产品属于动物性食品，因此完全必要单独设置清水池。（×）

四、简答题

1. 食堂场所的安全等级分为几个级别？主要内容是什么？

答：食堂场所的安全等级分为一级和二级。

一级：使用瓶装液化石油气等特种设备的食堂场所。

二级：无在用特种设备的食堂场所。

2. 食堂从业人员健康管理包括哪些方面？

答：（1）从业人员（包括新参加和临时参加工作的人员）上岗前应取得健康证明。

（2）从业人员每年进行一次健康检查，必要时进行临时健康检查。

（3）餐饮服务提供者应建立每日晨检制度，有发热、腹泻、皮肤伤口或感染、咽部炎症等有碍食品安全病症的人员，应立即离开工作岗位，待查明原因并将有碍食品安全的病症治愈后，方可重新上岗。

3. 食堂常见化学性食物中毒主要由哪些引起？有效预防措施有哪些？

答：食堂常见化学性食物中毒为农药、豆浆、四季豆和亚硝酸盐引起。有效预防措施如下：

（1）预防农药引起的食物中毒：加工时用食品洗涤剂（洗洁精）溶液浸泡30min后再冲净，烹饪前再经烫泡1min。

（2）预防豆浆引起的食物中毒：烧煮生豆浆时将上涌泡沫除净，煮沸后再以文火维持煮沸5min左右。

（3）预防四季豆引起的食物中毒：烹饪时先将四季豆放入开水中烫煮10min以上再炒。

（4）预防亚硝酸盐引起的食物中毒：加强亚硝酸盐的保管，避免误作食盐使用。

4. 食堂及食品安全应急管理工作中应急工作组的工作职责包括哪些方面？

答：（1）负责审批专项应急预案。

（2）负责配合各级后勤管理部门进行应急演练。

（3）负责对非生产性场所易发生重大安全事故的部位进行监控。

（4）安全事故发生时负责指挥现场进行救援。

（5）负责安全事故的酌情上报与处理。

5. 食堂发生安全事故时，应采取哪些应急措施？

答：（1）应急工作组应根据专项应急救援预案和现场处置方案，对食堂场所易发生重大安全事故的部位进行监控。

（2）安全事故发生后，现场应急救援队伍的总指挥应第一时间了解应急信息并进行应急安全事故处理，于 10min 内向应急工作组上报。

（3）应急工作组接到应急信息后，应立即按规定启动现场应急处置方案，对现场应急救援工作进行指导，并派专人严格保护事故现场。

（4）现场应急救援队伍应在应急工作组的指导下进行现场救援工作。

第六章

车辆管理及行驶安全

一、单选题

1. （D）需要的车辆属于企业用车。

A. 安全生产　　B. 工程建设

C. 营销服务　　D. 商务接待

2. 下列交通安全警示标识设置不符合要求的是（A）。

A. 设置在醒目处，高度比视线高 0.5m

B. 结合环境等因素在现场设置表示禁止、警告、指令和提示等信息的安全标志

C. 标志牌完整清晰，有触电危险的作业场所使用绝缘材料

D. 作业环境视线不良时，增设必要的照明设施和警示警告标志

3. 下列哪个标志表示不准车辆停放的场所（B）。

A. 

B. 

C. 

D. 

4. 下列造成事故后果属于重大事故的是（C）。

A. 一次造成死亡 3 人及以上

B. 一次造成重伤 11 人及以上

C. 财产损失 3 万 ~ 6 万元

D. 一次造成轻伤 3 人及以上

5. （C）负责本单位交通安全管理工作。

A. 主业交通安全办　　B. 集体交通安全办

C. 交通安全委员会　　D. 交通安全主管领导

6. （C）不属于主业交通安全办与集体交通安全办职责。

A. 制定国网北京市电力公司交通安全管理制度
B. 对所辖范围内的交通安全情况进行日常性监督检查
C. 对全体员工进行交通法规教育
D. 分析所辖单位交通安全形势，查找隐患

7.（D）不属于“三不伤害”。

A. 不伤害自己
B. 不伤害他人
C. 不被他人伤害
D. 保护他人不被伤害

8. 如车辆有交通违章情况，车辆使用人应于（A）个工作日内完成车辆违规处理。

A. 10
B. 15
C. 20
D. 30

9. 下列关于风窗玻璃正确的是（C）。

A. 无裂纹，张贴镜面反光遮阳膜
B. 可有裂纹，张贴镜面反光遮阳膜
C. 无裂纹，不可张贴镜面反光遮阳膜
D. 可有裂纹，不可张贴镜面反光遮阳膜

10. 机动车应在左右至少各设置一面（C）。

A. 广角后视镜
B. 补盲后视镜
C. 外后视镜
D. 下视镜

11. 乘用车和车长小于（B）m 的其他客车的前后部应设置保险杠。

A. 5
B. 6
C. 7
D. 8

12. 转向信号灯的光色应为（C）。

A. 莹白色
B. 红色
C. 琥珀色
D. 粉红色

13. 轮胎的胎面、胎壁不应有长度超过（C）mm 的破裂和割伤。

A. 15　　B. 20
C. 25　　D. 30

14. 客车应装备灭火器，仅有一个灭火器时，应设置在（D）。

A. 前门　　B. 中间
C. 后门　　D. 驾驶人附近

15. 车长大于或等于（D）m 的客车，应具有超速报警功能。

A.3　　B.4
C.5　　D.6

16. 车辆配备的防抱死制动装置自检功能应正常，无（C）情况发生。

A. 漏水　　B. 漏电
C. 漏油　　D. 漏气

17. 下列关于转向过程中正确的是（A）。

A. 无干涉、无摩擦　　B. 可有干涉，不能有摩擦
C. 可有摩擦，不能有干涉　　D. 可有干涉、摩擦

18. 转向系部件应无（C）现象。

A. 漏水　　B. 漏电
C. 漏油　　D. 漏气

19. 排气管、消声器应安装牢固，不应有（D）现象。

A. 漏水　　B. 漏电
C. 漏油　　D. 漏气

20. 行车中遇有浓雾天气，应（B）。

A. 打开前照灯　　B. 打开防雾灯和近光灯

C. 开启危险报警闪光灯　　　　D. 打开应急灯

21. 山区道路进入弯道前行驶错误做法是（D）。

A. 减速　　　　B. 鸣笛
C. 变换远近灯　　　　D. 增加刹车次数

22. 下列关于驾驶员描述错误的是（B）。

A. 应持与准驾车型相符并在有效期内的机动车驾驶证
B. 具有北京市准驾证驾驶员
C. 驾驶经验丰富，具备特殊地形驾驶能力
D. 应熟悉保障车辆型号和性能及维护保养知识

23. 应定期开展对（C）的常态化安全教育及职业技能培训工作。

A. 驾驶员
B. 特种车辆操作人员
C. 驾驶员和特种车辆操作人员
D. 所有人

24. 驾驶员应（D）进行安全法规、规章制度的教育和安全规程、生产技能、应急处置知识的培训。

A. 每月　　　　B. 每季
C. 每半年　　　　D. 每年

25. 每年制定应急预案的演练计划，并组织演练，演练（C）一次。

A. 每月　　　　B. 每季
C. 每半年　　　　D. 每年

26.《国网北京市电力公司应急后勤保障安全工作规范》规定，交通保障安全中，车证应在收集封控、通行管制信息后，启动车辆通行证办理工作，确保在保障前（B）天发放至相关车辆。

A. 半　　　　B. 1

C. 2　　D. 3

27. 车辆夜间通过有交通信号灯控制的交叉路口，转弯时应（D）。

A. 开远光灯
B. 关闭前照灯
C. 开启转向灯
D. 开启转向灯，并将远光灯变为近光灯

28. 在没有交通信号的交叉路口遇到缓慢行驶时，机动车应当（C）。

A. 借右道超车　　B. 从左侧超车
C. 依次交替通行　　D. 抢道行驶

29. 方向指示信号灯的绿色箭头方向向左时表示允许机动车（B）。

A. 掉头　　B. 左转弯
C. 右转弯　　D. 直行

30. 遇伤者被压于车轮或货物下，错误的方法是（C）。

A. 设法移动车辆　　B. 采取相应的救护方法
C. 拉拽伤者肢体　　D. 搬掉货物

31. 行车中轮胎突然爆裂时的应急措施是（B）。

A. 迅速制动减速
B. 紧握转向盘，尽快平稳停车
C. 迅速转动转向盘调整方向
D. 低速行驶，寻找换轮胎地点

32. 缓速器可以在不使用或少使用行车制动装置的条件下，使车辆（A），而且不会使车辆紧急制动。

A. 速度降低或保持稳定　　B. 加速行驶
C. 制动抱死　　D. 空挡滑行

二、多选题

1.（ABC）需要的车辆属于生产服务用车。

A. 安全生产　　B. 工程建设
C. 营销服务　　D. 商务接待

2. 下列交通安全警示标识设置符合要求的是（ABCD）。

A. 设置在醒目处，高度与视线尽量一致
B. 设置符合国家标准
C. 标志牌完整清晰，有触电危险的作业场所使用绝缘材料
D. 作业环境视线不良时，增设必要的照明设施和警示警告标志

3.（CD）是指明出入口的标志。

A. 

B. 
C. 
D. 

4.（ABD）属于主业交通安全办与集体交通安全办职责。

A. 制定国网北京市电力公司交通安全管理制度
B. 对所辖范围内的交通安全情况进行日常性监督检查
C. 对全体员工进行交通法规教育
D. 分析所辖单位交通安全形势，查找隐患

5.（ABC）属于“三不伤害”。

A. 不伤害自己　　B. 不伤害他人
C. 不被他人伤害　　D. 保护他人不被伤害

6.（ABCD）属于车辆管理禁令。

A. 严禁公车私用　　B. 严禁交通严重违法行为

C. 严禁不文明驾驶行为　　　　D. 严禁违规使用超标车辆

7. 车辆的档案需要对（ABCD）进行记录。

A. 车辆保养　　　　B. 车辆维修
C. 车辆保险　　　　D. 车辆年检

8. 车辆进行维修保养及年检的内容包括（ABC）。

A. 车辆年检在具备资质的机构按期进行检验
B. 特种车辆按照国家、行业有关规定按期检验，排查车辆不合格和带病运行等情况
C. 车辆维修在公司年度框架招标通过的汽车维修企业进行
D. 车辆保养在具备资质的机构按期进行检验

9. 下列关于车身外观描述正确的是（ACD）。

A. 保险杠、后视镜、下视镜等部件完好
B. 车体外缘左右对称部位高度必须一致
C. 风窗玻璃应齐全，无裂纹、破损
D. 喷涂、粘贴的标识或车身广告不影响安全驾驶

10. 下列关于风窗玻璃正确的是（ABCD）。

A. 风窗玻璃齐全　　　　B. 无裂纹
C. 无破损　　　　D. 不张贴镜面反光遮阳膜

11. 总质量大于 7500kg 的货车右侧应设置（ABC）。

A. 外后视镜　　　　B. 广角后视镜
C. 补盲后视镜　　　　D. 前下视镜

12. 2014 年 9 月 1 日起出厂的总质量大于或等于 12000kg 的货车底盘改装的专项作业车应安装（ABC）。

A. 车辆尾部标志板　　　　B. 防抱死制动装置
C. 堵住制动装置　　　　D. 监视装置

13. 下列关于动力装置描述正确的是（ABCD）。

A. 发动机运转平稳
B. 各部机件连接可靠，无异响
C. 无漏油、漏水、漏气、漏电现象
D. 尾气排放达标

14. 下列关于转向系部件描述正确的是（ABC）。

A. 车辆转向盘无卡滞、松旷
B. 横、直拉杆无拼焊、损伤、松旷、严重磨损等情况
C. 转向过程中无干涉或摩擦现象
D. 无漏电现象

15. 下列关于传动系部件描述正确的是（ABCD）。

A. 变速器等部件应连接可靠
B. 使用过程中，换挡平顺，无冲击现象
C. 车辆换挡应正常，变速器倒挡应能锁止
D. 离合器接合应平稳，无打滑、分离不彻底等现象

16. 下列关于行驶系部件描述正确的是（ABCD）。

A. 车架纵梁、横梁不应有明显开焊、变形、损伤，铆钉、螺栓不应缺少或松动
B. 钢板吊耳及销不应松旷，中心螺栓、U 形螺栓不应松旷
C. 车桥与悬架之间的拉杆和导杆不应松旷和移位
D. 减振器不应漏油

17. 制动主缸、轮缸、管路等不应（CD）。

A. 漏水　　B. 漏电
C. 漏油　　D. 漏气

18. 发动机舱内目视可见的电器导线应（ABCD）。

A. 布置整齐　　B. 捆扎成束

C. 固定卡紧　　D. 无破损现象

19. 行车中遇有浓雾天气，错误做法是（ACD）。

A. 打开前照灯　　B. 打开防雾灯和近光灯

C. 开启危险报警闪光灯　　D. 打开应急灯

20. 山区道路进入弯道前行驶，应（ABC）。

A. 减速　　B. 鸣笛

C. 变换远近灯　　D. 增加刹车次数

21. 特殊环境下的交通安全应符合（ABCD）。

A. 冰雪天气采取缓起步，低挡低速，缓打方向行驶

B. 暴雨天气，选择安全地点停车，并打开示宽灯、应急灯，待雨小或雨停时再继续行驶

C. 浓雾天气，打开防雾灯和近光灯，降低速度，靠右通行，保持与前车安全距离

D. 山区道路进入弯道前行驶时应做到减速、靠右行驶，加以鸣笛、变换远近光灯发出警示

22. 下列关于驾驶员描述正确的是（ACD）。

A. 应持与准驾车型相符并在有效期内的机动车驾驶证

B. 具有北京市准驾证驾驶员

C. 驾驶经验丰富，具备特殊地形驾驶能力

D. 熟悉保障车辆型号和性能及维护保养知识，掌握一定维修技术

23. 下列做法中可以追究责任单位和责任人的相关责任的是（ABCD）。

A. 违反交通法律法规的

B. 无准驾证驾驶公司机动车的

C. 驾驶故障车上路的

D. 未按规定妥善保管公司车证的

24. 监督检查中应对违规行为做出（ABC）。

A. 口头指正　　B. 书面指正
C. 下达隐患整改通知书　　D. 通报批评

25. 应依据行车安全数据分析和驾驶员能力评估结果确定培训需求，并应关注（ABCD）。

A. 典型交通事故案例
B. 行车安全趋势分析结果
C. 特殊环境条件下的行车安全
D. 油耗及维修费用异常情况

26.《国网北京市电力公司应急后勤保障安全工作规范》规定，车辆保养维修应满足（ABCD）。

A. 为确保行驶安全，保障期间车辆应定期进行专项安全保养
B. 保障期间，若发生车辆故障，由出车单位先进行现场应急维修
C. 保障期间，若无法排除故障，及时联系合格供应商的车辆维修厂商负责维修
D. 保障期间应对车辆抢修可自建车辆临时抢修队伍 1 支，抢修人员和车辆自行安排

三、判断题

1. 交通安全标志分为主标志和辅助标志两大类。(√)

2. 生产特种车辆是指用于开展运维检修、营销服务、基建施工、应急抢修等现场工作使用的非乘用作业车辆。(√)

3. 交通安全警示标识应当设置在醒目处，高度与视线尽量一致。(√)

4. 交通警示标志牌应当完整清晰，有触电危险的作业场所应使用绝缘材料。(√)

5. 一次造成死亡 1~2 人属于特大事故。(×)

6. 交通安全员全面负责本单位交通安全管理工作。(×)

7. 主业交通安全办负责制定国网北京市电力公司交通安全管理制度。(√)

8. 国网北京市电力公司所属各单位交通安全委员会负责对全体员工进行交通法规教育。(√)

9. 各单位指定的交通安全员负责宣传交通法规和安全常识，教育本单位员工自觉遵守交通法规。(√)

10. 员工要积极参加交通安全活动，提高交通安全自我保护意识，做到“三不伤害”。(√)

11. 车辆保养应按规定到具备资质的单位进行。(×)

12. 每月检查车辆交通违章情况，如发现车辆交通违章，应根据车辆使用记录及时联系车辆使用人。(√)

13. 车辆有交通违章情况，车辆使用人应于 10 个工作日内完成车辆违章处理。(√)

14. 风窗玻璃应齐全，无裂纹、破损，所有风窗玻璃不应张贴镜面反光遮阳膜。(√)

15. 车体外缘左右对称部位高度必须一致。(×)

16. 货车底盘改装的专项作业车应在右侧设置至少各一面广角后视镜和补盲后视镜。(√)

17. 乘用车和车长小于 6m 的其他客车的前后部应设置保险杠。(√)

18. 转向信号灯的光色应为莹白色。(×)

19. 机动车不应安装遮挡外部照明和信号装置透光面的装置。(√)

20. 轮胎内侧不应有严重磨损、割伤、腐蚀。(√)

21. 车辆应配备三角警告牌，三角警告牌的外观、形状应符合 GB 19151《机动车用三角警告牌》的要求。(√)

22. 车辆配备的灭火器在使用有效期内，无欠压失效等情形。(√)

23. 客车应装备灭火器，仅有一个灭火器时，应设置在门口附近。(×)

24. 行驶记录装置的连接、固定可靠，显示功能正常，主机外壳的易见部位应粘贴符合规定的 3C 标志。(√)

25. 车辆应安装车辆监控终端并接入公司统一车辆管理平台。(√)

26. 2014 年 1 月 1 日起出厂的总质量大于或等于 12000kg 的货车底盘改装的专项作业车应安装车辆尾部标志板。(√)

27. 采用密闭钢化玻璃式应急窗的客车，在相应的应急窗邻近配备一个应急锤。(√)

28. 车长大于或等于 5m 的客车，应具有超速报警功能。(×)

29. 2014 年 9 月 1 日起出厂的总质量大于或等于 12000kg 的专项作业车应安装防抱死制动装置。(√)

30. 车辆配备的防抱死制动装置自检功能应正常，无漏电情况发生。(×)

31. 动力装置无漏油、漏水、漏气、漏电现象。(√)

32. 车辆的方向盘连接牢固，转向灵活，操纵轻便，无卡滞、松旷现象。(√)

33. 离合器接合平稳，无打滑、分离不彻底等现象。(√)

34. 车桥与悬架之间的拉杆和导杆不应松旷和移位，减振器不应漏油。(√)

35. 排气管、消声器应安装牢固、不应有漏气现象，排气管口不得指向车身右侧和正上方。(×)

36. 发动机舱内目视可见的电器导线应布置整齐、捆扎成束、固定卡紧，并无破损现象。(√)

37. 冰雪天气选择安全路线行驶，采取缓起步，低档低速，缓打方向的行驶方式。(√)

38. 暴雨天气，选择安全地点停车，并打开示宽灯、应急灯，待雨小或雨停时再继续行驶。(√)

39. 浓雾天气，打开防雾灯和近光灯，降低速度，靠右通行，保持与前车安全距离。(√)

40. 山区道路进入弯道前行驶时应做到减速、靠右行驶，加以鸣笛、变换远近光灯发出警示。(√)

41. 驾驶员需要具有北京市准驾证。(×)

42. 集体交通安全办负责对所辖范围内的交通安全情况进行日常性监督检查。(√)

43. 未按要求安装车辆终端的单位，追究责任单位和责任人的相关责任。(√)

44. 监督检查中应对违规行为做出口头或书面指正，下达隐患整改通知书。(√)

45. 每年应对驾驶员进行安全法规、规章制度的教育和安全规程、生产技能、应急处置知识等培训。(√)

46. 机动车通过交叉路口，应当按照交通信号通过。(√)

47. 不得在机动车驾驶室的前后窗范围内悬挂、放置妨碍驾驶人视线的物品。(√)

48. 机动车驾驶人不得连续驾车超过 4h，必须停车休息，休息时间不得少于 20min。(√)

49. 机动车行经漫水路或漫水桥时，应当停车察明水情，确认安全后，高速通过。(×)

50. 遇高速公路限速标志标明的车速与车道不一致的，应按照车道行驶规定的车速行驶。(×)

51. 道路较窄时，车辆转弯前应该注意摆位"借量"，右转需向左摆位。(√)

52. 国家标准规定的安全色有红、蓝、黄、绿四种颜色。(√)

53. 安全色中黄色表示停止、危险的意思。(×)

54. 为保证车辆使用前处于良好技术状态，保障前在日常排查的基础上对所有车辆进行一次全面隐患排查，排查机构资质应满足《机动车维修管理规定》。(√)

四、简答题

根据车辆可能造成的事故后果，交通事故等级分为几级？分别是什么？

答：分为四级，分别是特大事故（Ⅰ级）、重大事故（Ⅱ级）、一般事故（Ⅲ级）、轻微事故（Ⅳ级）。